Hauke Trinks · Eine Suche nach dem Leben

Hauke Trinks

Eine Suche nach dem Leben

Autobiografische Erzählung

AUGUST VON GOETHE LITERATURVERLAG

FRANKFURT A.M. · WEIMAR · LONDON · NEW YORK

Die neue Literatur, die – in Erinnerung an die Zusammenarbeit Heinrich Heines und Annette von Droste-Hülshoffs mit der Herausgeberin Elise von Hohenhausen – ein Wagnis ist, steht im Mittelpunkt der Verlagsarbeit. Das Lektorat nimmt daher Manuskripte an, um deren Einsendung das gebildete Publikum gebeten wird.

Bibliografische Information
der Deutschen Nationalbibliothek

Die Deutsche Nationalbibliothek verzeichnet diese Publikation in der Deutschen Nationalbibliografie; detaillierte bibliografische Daten sind im Internet abrufbar über http://dnb.d-nb.de.

Die Autoren des Verlags unterstützen den Bund Deutscher Schriftsteller e.V., der gemeinnützig neue Autoren bei der Verlagssuche berät. Wenn Sie sich als Leser an dieser Förderung beteiligen möchten, überweisen Sie bitte einen – auch gern geringen – Beitrag an die Volksbank Dreieich, Kto. 7305192, BLZ 505 922 00, mit dem Stichwort „Literatur fördern". Die Autoren und der Verlag danken Ihnen dafür!

Dieses Werk und alle seine Teile sind urheberrechtlich geschützt.

Websites der Verlagshäuser der
Frankfurter Verlagsgruppe:

www.frankfurter-verlagsgruppe.de
www.frankfurter-literaturverlag.de
www.frankfurter-taschenbuchverlag.de
www.publicbookmedia.de
www.august-goethe-literaturverlag.de
www.fouque-literaturverlag.de
www.weimarer-schiller-presse.de
www.deutsche-hochschulschriften.de
www.deutsche-bibliothek-der-wissenschaften.de
www.haensel-hohenhausen.de
www.prinz-von-hohenzollern-emden.de

Gedruckt auf säurefreiem, alterungsbeständigem Papier, hergestellt aus chlorfrei gebleichtem Zellstoff (TcF-Norm).

Printed in Germany

ISBN 978-3-8372-1202-0
ISBN 978-0-85727-166-2

©2013 FRANKFURTER LITERATURVERLAG FRANKFURT AM MAIN

Ein Unternehmen der Holding

FRANKFURTER VERLAGSGRUPPE

AKTIENGESELLSCHAFT

In der Straße des Goethehauses/Großer Hirschgraben 15

D-60311 Frankfurt a/M

Tel. 069-40-894-0 ▪ Fax 069-40-894-194

E-Mail lektorat@frankfurter-literaturverlag.de

Medien- und Buchverlage
DR. VON HÄNSEL-HOHENHAUSEN

seit 1987

Inhalt

Prolog

Junge Menschen wollen leben; sie wollen die Welt verstehen; sie wollen Unbekanntes entdecken; sie wollen aufbrechen zu neuen Ufern; sie wollen das Abenteuer; sie wollen alles anders machen als die Alten; sie wollen ihr Leben in die eigene Hand nehmen und es gestalten; sie wollen frei sein und nicht bevormundet werden; sie wollen sich nicht immer dem Zeitgeist beugen; sie wollen ihre Grenzen ausloten und ihr eigenes Ich finden; sie wollen sich ihr eigenes Glück aufbauen. Die Reihe der Wünsche und Vorstellungen, die nicht nur für junge, sondern auch für viele andere Menschen wichtig sind, lässt sich fortsetzen.

Im Laufe des Lebens kommt es dann zu einer Ernüchterung, und die Erkenntnis wächst, dass all diese Wünsche ja ganz schön sind, aber dass die Erfordernisse des täglichen Lebens ihnen unüberwindliche Hindernisse entgegensetzen. Es geht einfach nicht! Wirklich? Natürlich geht es, man muss es nur wollen und sich zutrauen.

Auf den ersten Blick erscheint es unglaublich, dass das Studium der Physik ein wichtiger Schritt auf dem Weg zu dem von jungen Menschen gewünschten Leben sein kann. Aber als Physiker lernt man, naturwissenschaftliche Zusammenhänge in der Welt zu verstehen, sich mit Vorstellungen zur physikalischen Entstehung allen Seins auseinanderzusetzen und schließlich das Wesen der unbelebten Materie und des Lebens und nicht zuletzt des eigenen Ichs nüchtern zu betrachten. Und ein Physiker kommt – wenn er will – in der ganzen weiten Welt herum.

Eine andere Möglichkeit, ein freies abenteuerliches Leben zu führen, kann darin bestehen, als Seefahrer wagemutig zu neuen Ufern aufzubrechen und dabei ferne Welten, Kulturen und Sprachen kennen zu lernen und sich mit dem wilden Leben auf stürmischen Weltmeeren anzufreunden.

Verlockend und faszinierend scheint auch ein Leben zu sein als einsamer Forscher, Jäger und Tierbeobachter in der menschenleeren unberührten arktischen Natur von Spitzbergen und dabei die Entstehung des ersten Lebens auf unserer Erde zu erforschen.

Ein Königsweg zur Erfüllung aller oben genannten Wünsche der jungen Menschen wäre es, alle drei hier genannten Tätigkeiten, Aktivitäten oder Berufe in einem einzigen Leben auszukosten. Und das geht! Mit ein bisschen Glück und Bereitschaft zu Risiko und Wagnis lässt sich ein wunderbares buntes Leben entdecken.

1. Ein Physiker

1943 war eine schwierige Zeit in Berlin. Viel wurde zertrümmert, Menschen wurden durcheinander gewirbelt und kamen um. Sorgen um die Zukunft machten sich breit, viele waren erschöpft und hoffnungslos. Meine Familie hatte Glück; ich wurde geboren und wir alle kamen mit dem Leben davon. Nach dem Krieg herrschten in Deutschland Not und Elend, die Menschen hungerten, waren arbeitslos, und Wohnraum für die Überlebenden war knapp. Wir wanderten 1950 völlig mittellos nach Schweden aus. Dort schien alles heil und freundlich, aber auch einsam und fremd zu sein. Acht Jahre lang fühlten wir uns sehr wohl, lebten einsam in einer noch weitgehend unberührten Natur, und wir vier Kinder wanderten durch tiefe Wälder zur Volksschule.

Später übernahm unser Vater unsere Ausbildung, sechs Jahre lang, jeden Morgen von fünf bis neun Uhr, bevor er danach seinem Beruf als Physiker nachging. Alle hielten eng zusammen, jeder kümmerte sich um den anderen. Trotzdem wollten wir irgendwann wieder zurück nach Deutschland. Dort machten wir unser Abitur und studierten in Bonn. Zuvor war ich achtzehn Monate lang Soldat. Ich lernte dabei Menschen kennen, die sich manchmal dumm und gefühllos verhielten, aber auch kameradschaftlich und menschlich warm sein konnten. Eine Episode ist mir noch in frischer Erinnerung: in den langen Wartezeiten eines Soldaten las ich in einem Buch von Schopenhauer. Ein Ausbilder kontrollierte meine Lektüre, schüttelte verständnislos den Kopf und gab mir danach mit spitzen Fingern das merkwürdige Büchlein zurück.

Die Zeit als Soldat und Fallschirmjäger hat mich und mein Leben geprägt, und das vielleicht mehr, als es mir damals bewusst war. Ich habe gelernt, Unbillen zu ertragen, körperliche Herausforderungen anzunehmen und zu bejahen und Sinn oder Unsinn in bestimmten Situationen nicht ständig zu hinterfragen, mich nicht mit spitzfindigen Argumenten unangenehmen Forderungen zu entziehen und mich nicht immerzu auf mein vermeintliches oder gutes Recht zu berufen. Und ich habe den Unterschied zwischen den Freiheitsvorstellungen „Freiheit wovon" und „Freiheit wozu" begriffen.

Zu Anfang der sechziger Jahre herrschte trotz der in der Adenauerphase politisch konservativ geprägten Zeit unter den jungen Leuten Aufbruchstimmung. Die Welt stand offen und die Zukunft lockte. Mach was aus deinem Leben, du hast nur eines, so hieß die Devise. Die Flucht ins Rauschgift und resignierende Untätigkeit waren unbekannt. Die Gesellschaft war geprägt durch feste Strukturen und durch eine von den meisten akzeptierte Lebensplanung. Heiraten, Kinder kriegen, als Mann für den Lebensunterhalt der Familie sorgen, Karriere machen, ein Haus bauen, die gegebene Ordnung akzeptieren, Respekt gegenüber Eltern und Vorgesetzten haben – so war das damals, was heute wie eine museumsreife Erinnerung wirkt. Religion, Kirche und Familie spielten eine bedeutende Rolle. Moralische Vorstellungen, Verantwortungs- und Pflichtgefühl waren allgemein anerkannt. Damit verbunden herrschte allerdings auch eine bedrückende Verschlossenheit und Uneinsichtigkeit gegenüber gesellschaftlichen Veränderungen. Die eigene Familie und die Verantwortung dafür, insbesondere für die eigenen Kinder, waren wichtig. Die Eltern kümmerten sich selbst um die Kinder und sorgten auch finanziell für eine gute Ausbildung; man machte dafür nicht den Staat verantwortlich. Diese Situation beeinflusste auch das Verhalten der Kinder. Sie wollten und durften ihre Eltern nicht enttäuschen.

Die Berufswahl war bedeutend und wurde für das ganze Leben mit Hilfe der Beratung der Eltern getroffen. Dabei spielte der Wunsch eine wichtige Rolle, in der Gesellschaft etwas zu erreichen.

Der gewählte Beruf sollte seinen Mann ernähren, denn die Familiengründung in jungen Jahren war selbstverständlich. Die Rollenverteilung in der Familie war klar: der Mann hatte das Geld zu verdienen, und die Frau bekam zahlreiche Kinder, erzog diese und war Mittelpunkt der Familie. Damals gab es etliche solcher Familien, es war ganz normal.

Die meisten Söhne orientieren sich am Berufsweg ihres Vaters, und wir drei Brüder wählten das Physikstudium. Auch ich als Jüngster mochte mich diesem Sog nicht widersetzen, aber ich verspürte schon damals zusätzlich ein Interesse an Biologie und dem Wesen des Menschen. So entschied ich mich zum gleichzeitigen Studium von Physik und Medizin, was sich rückblickend als undurchführbar erwies. Einerseits wird ein Student der Physik während des Studiums mit einem Übermaß an schwierigen und abstrakten Problemstellungen konfrontiert und andererseits während des Medizinstudiums gefordert mit viel auswendig zu lernendem Stoff, unzähligen Zwischenprüfungen und zeitlich belastenden Praktika.

Der wochenlange praktische Dienst vor Aufnahme des Medizinstudiums hat mich fasziniert. In dem kleinen Krankenhaus wurde ich als Operationsassistent dem Chirurgen zugeteilt, und die damit zusammenhängenden Tätigkeiten sind mir noch heute lebhaft in Erinnerung. Die umständlichen Prozeduren zur Desinfektion vor der Operation, die merkwürdige Stimmung im OP-Saal mit grün vermummten Gestalten, medizinischen Geräten, Tischen voller blitzblanker Operationsbestecke, dem schnaufenden Narkosegerät, den herumhuschenden Krankenschwestern und schließlich dem Operationstisch mit dem fast vollständig verhüllten Patienten, bereits von der Narkose ruhig gestellt. Dann behutsames Anritzen der Bauchhaut, Blut abtupfen, weiter schneiden, mit Klammern die aufgeklappte Haut festhalten, in die offene Leibeshöhle blicken.

Leber, Gallenblase, Blinddarm, Gebärmutter – alle Organe leben, bewegen sich träge, von Blut gefärbt. Ein großes Blutgefäß wird versehentlich verletzt, viel Blut sickert hervor, sammelt sich zwischen den Därmen. Der Chirurg reißt seine Handschuhe ab, greift mit geübten Fingern in die Bauchhöhle, ertastet das verletzte Blutgefäß und drückt es zu. Danach Fettschichten wegschneiden, die Bauchhaut wird wieder zugenäht. Mundschutz abnehmen, tief Luft holen. Der Chirurg ist völlig erschöpft, blass, ausgepowert. Ich bewundere ihn und seine kaltblütigen Aktionen, seinen engagierten Einsatz, um jeden Preis das Leben zu retten. Mir selbst ist bei dem vielen Blut fast schlecht geworden. Ich recke meine Arme und den Rücken nach dem langen verkrampften Führen der Klammern in unbequemer Körperhaltung.

Damals habe ich auch den Tod gesehen. Tief eingesunkene und angstvolle Augen in fahlen vom Tod gezeichneten Gesichtern. Leise brüchige Stimmen der Sterbenden, die mir mit ihrer kalten Hand auf meinem Arm noch etwas zuraunen wollten, häufig allein gelassen von ihren viel beschäftigten Angehörigen, manchmal aber auch mit einem tiefen Frieden in den stillen Gesichtern.

Eine moderne Intensivstation gab es damals in diesem Krankenhaus nicht. Die Menschen starben ohne langes Koma ziemlich rasch in ihrem Krankenhausbett, oder sie wurden zu ihren Familien als geheilt oder als hoffnungslos krank entlassen, um dort zu sterben. Als im Krankenhausbetrieb Beschäftigter gewöhnt man sich überraschend schnell an das Leiden und Sterben, was man ziemlich bald als natürlich gegeben und gar nicht als so schrecklich empfindet. Nach den anstrengenden Operationstagen mit aufwühlenden Erlebnissen bin ich immer wie befreit auf mein Fahrrad gestiegen und froh darüber, jung und lebendig zu sein, nach Hause gefahren. Einige Male habe ich im Labor des Krankenhauses Blutproben unter dem Mikroskop betrachtet und mir erklären lassen, welche Schlussfolgerungen aus dem Gewimmel der Blutkörperchen über eine vermutete Krankheit gezogen werden können. Damals erschien es mir sinnvoll und notwendig zu sein, physikalische Kenntnisse und Techniken sowie Verfahren zur Bildauswertung stärker in die Medizintechniken zu transformieren. Das ist heutzutage insbesondere durch die hoch entwickelten Operationsroboter und die empfindlichen Analyseverfahren bereits weitgehend realisiert. Nach einigen Semestern Medizinstudium schlug mich die Physik mehr und mehr in ihren Bann, und ich stellte die Erlernung der Heilkunst für den Menschen zurück zugunsten der Entdeckungsreise zu den Geheimnissen der Physik.

Der Anfang meines Physikstudiums ist schwierig. Gerade aus der Bundeswehr entlassen, zwar sportlich und fit, aber geistig etwas verkümmert, irre ich durch das Gewimmel der Studenten ohne eine damals unübliche Orientierungshilfe, mich mühsam zu dem richtigen Hörsaal durchfragend. Professoren schreiben verwirrende Formeln an die Tafel, die ich nicht verstehe, aber blindlings für den späteren Gebrauch mitschreibe. Ich will diese Hieroglyphen entziffern, den Hintergrund verstehen. Ich will den Zusammenhang begreifen, das muss doch möglich sein! In der Bibliothek studiere ich ergänzende Lehrbücher, brüte über schwierigen Hausaufgaben. Mit der in der Schule gelernten Physik scheint das alles nichts zu tun zu haben, und ich bin froh, wenn nur ein einziger mir bekannter Begriff auftaucht. In den Vorlesungen zur experimentellen Physik bieten die Demonstrationsversuche gelegentlich eine Atempause, um die vielen Formeln an der Tafel zu verinnerlichen. Heiterkeit kommt auf, wenn der Professor zur Demonstration der Fliehkräfte nahezu vom Drehhocker fällt.

Zur Physik gehört ein gehöriges Maß an Mathematik, und die war damals an der Universität Bonn auf einem hohen Niveau.

Der berühmte Professor Hirzebruch wird von uns Studenten wie ein Gott angebetet. Seine Vorlesungen über lineare Algebra waren faszinierend kalt und klar, wie Kristall. Der Professor, kaum im Hörsaal angekommen, schreibt ohne Unterbrechung mit sauberer präziser Schrift jede Formel wie ein Gottesgebot an die Tafel, dazu leise monotone Bemerkungen, und wir Studenten kritzeln eifrig mit und lauschen atemlos wie Gläubige bei einer religiösen Handlung.

Abends muss ich mir eingestehen, nichts verstanden zu haben. Ich martere mein Hirn und suche verzweifelt nach Wissensinseln aus der Schulmathematik oder wenigstens nach einer Anwendungsmöglichkeit für die Physik. Alles ist total abstrakt, was soll ich damit? Ich fühle mich entmutigt und unschlüssig darüber, ob ich weiter studieren soll, und ich befürchte, dass ich diese Materie nie beherrschen werde. Dass ich dazu einfach zu dumm bin. Ich beobachte verstohlen meine Mitstudenten in dem nur noch spärlich besuchten Hörsaal. Die scheinen es doch zu schaffen, warum nicht auch ich? Weiter machen, Zähne zusammenbeißen, die Notizen immer wieder durcharbeiten. Das alles muss doch logisch sein, das hat der Professor so an die Tafel geschrieben!

Nach jeder Mathematik-Vorlesung fühle ich mich völlig erschöpft von dem harten Gehirntraining mit schmerzhaftem Muskelkater im Kopf. Meine älteren Brüder geben mir den Rat, nicht zuviel darüber zu grübeln, wozu die Quälerei gut sein soll. Die gehört dazu, das muss so sein. Aber wenn du es nicht schaffst oder nicht willst, dann lass es doch sein, du musst ja nicht Physiker werden! Nachts wandere ich in menschenleeren Straßen herum, denke über die schwierigen Beweise mathematischer Sätze nach und bilde mir ein, dass da irgendwo am Ende eines langen dunklen Tunnels ein Lichtschein blinkt.

Ein Mensch, der sich abmüht, das Schwimmen zu erlernen, schluckt dabei zunächst viel Wasser, strampelt kräftezehrend herum, bedauert sich selbst, möchte am liebsten aufgeben und fragt sich, wozu er denn eigentlich Schwimmen lernen muss. Es geht doch schließlich auch ohne das, und zur Not kann man einen Rettungsring benutzen und sich damit über Wasser halten. Aber dann endlich, nach langen frustrierenden Bemühungen, merkt der Mensch, dass er ein paar Schwimmstöße mit dem Kopf über Wasser schafft. Das ermutigt, und nach kurzer Zeit kann er frei schwimmen und wundert sich, wie ungeschickt er sich zuvor angestellt hat. Er steigt aus dem Wasser und wird nie wieder seine Fähigkeit zum Schwimmen verlieren.

So erging es mir, wie auch vielen anderen Studenten der Ingenieur-und Naturwissenschaften. Während der ersten Semester bis zum Vordiplom quält man sich mit Selbstzweifeln. Danach scheint alles viel einfacher zu werden. Nicht etwa, dass man nun alle Gesetzmäßigkeiten und Formeln gelernt hätte und fehlerfrei rekapitulieren könnte. Ganz und gar nicht. Aber man hat die Grundprinzipien in Physik und Mathematik verstanden und die zuvor verschütteten, untrainierten Bereiche seines Gehirns aufgerüttelt, entschlackt und von Halbwissen befreit. Mit diesem aufgemöbelten Denkvermögen im Hintergrund gerät man nicht mehr in eine ängstliche Abwehrhaltung, wenn eine komplizierte mathematische Formel oder ein physikalischer Sachverhalt auftaucht, der verstanden und bearbeitet werden soll.

Manche Physiker tragen tief im Inneren ein gewisses Gefühl von Überlegenheit. Sie zeigen das zumeist nicht und haben es ihrer Meinung nach auch nicht nötig. Sie haben es ja schließlich geschafft, die nagenden Selbstzweifel zu überwinden und ihr Studium erfolgreich abzuschließen. Sie bilden sich ein, fast ein bisschen mitleidig auf die Nichtschwimmer herabblicken zu dürfen, welche in den flachen Gewässern herumplantschen oder eine Schwimmweste benutzen müssen. Physiker laufen in unmodischen Pullovern herum und machen gelegentlich einen etwas weltfremden und unbeholfenen Eindruck. Andere Menschen blicken manchmal ein bisschen abschätzig zu dieser unansehnlichen Spezies Mensch. Trotzdem haben sie eine gewisse Achtung vor den weltfernen Physikern, denen offensichtlich ein durch das Weltall ungebremst eilendes Neutrino-Teilchen wichtiger ist als die Kunst der wundersamen Geldvermehrung eines Börsenhändlers.

Die physikalischen Institute der Universität Bonn zählten damals zu den führenden wissenschaftlichen Institutionen, insbesondere in den Bereichen der theoretischen Physik, der Elementarteilchen und der Weltraumforschung. Auf allen Forschungsfeldern fand eine stürmische, fast rasend schnelle Entwicklung statt. Die bahnbrechenden Ideen und Erkenntnisse der modernen Physikgiganten wie Einstein, Planck, Born, Schrödinger, Pauli, Dirac, Heisenberg und anderer führten zu einer rasanten technologischen Entwicklung von Halbleitern, Lasern, Rechnern, Weltraumraketen, Satelliten und der Medizintechnik.

Unter der Leitung des späteren Nobelpreisträgers Wolfgang Paul wurde 1953 im Institut für Physik in Bonn das erste noch kleine bescheidene Synchroton errichtet, um das Wesen und die Verhaltensweise der so genannten Elementarteilchen zu studieren. Dazu wurden Atomkerne oder auch Elektronen auf Kreisbahnen von einigen Metern Durchmesser mittels elektrischer und magnetischer Felder geführt und auf sehr hohe Geschwindigkeit beschleunigt. Dann ließ man die Teilchen auf ein Zielmaterial prallen und untersuchte mit raffinierten Methoden die entstehenden Trümmer und ihre Bahnen im Vakuum. Für uns Physikstudenten war das alles ungeheuer aufregend, und man hatte das Gefühl, durch einen winzigen Spalt in die Werkstatt Gottes zu blinzeln und dabei eine Ahnung von der Entstehung der Welt mitzubekommen.

Heute glaubt man die Vorgänge während und nach dem Urknall bei der Entfaltung des Weltraums einigermaßen verstanden zu haben. Man hat in riesigen, viele Kilometer weiten Beschleunigungsstrecken oder auch kreisförmigen gigantischen Vakuumtunneln Protonen und Elektronen auf die in der Physik größte überhaupt denkbare Geschwindigkeit von etwa 300000 km/s beschleunigt und dann während der Kollision Verhältnisse beobachten können, die den Bedingungen im Urknall nahe kommen. Mittels der kostspieligen Experimente und der dazugehörigen aufwändigen Berechnungen mit äußerst leistungsstarken modernen Rechnern ist es vielen Generationen von Physikern und Mathematikern inzwischen gelungen, ein klares Bild über alle aus dem Urknall hervorgegangenen Teilchen zu gewinnen. Diese Erkenntnisse werden in dem immer überzeugender werdenden sogenannten Standardmodell der Elementarteilchen zusammengefasst. Auch der Aufbau der Materie dieser Welt scheint im Wesentlichen verstanden zu sein. Das Verhalten der Materie, die Bewegung der Elementarteilchen, die Vorgänge im Weltraum, das alles versucht man mittels der sogenannten Weltformel zu beschreiben unter Berücksichtigung aller in der Physik bekannten vier verschiedenen Arten von Kräften. Mit einer großen Zahl von hochentwickelten Forschungssatelliten und mit jahrelang zu fernen Planeten und Sternen eilenden Raumfahrzeugen ist man dabei, das Wesen und den Aufbau des gesamten Weltraumes zu erforschen. Dabei werden immer wieder aufregende neue Phänomene entdeckt, und das Verständnis für die astronomische Welt nimmt stetig zu.

Der Urknall, diese explosionsartige Geburt der Elementarteilchen mit ihrer unvorstellbar schnell erfolgenden Expansion kann experimentell gar nicht oder nur sehr unvollkommen simuliert werden. Allerdings können schnelle und unter extremen Bedingungen ablaufende Vorgänge anschaulich gemacht werden an einer Detonation im Vakuum. Wir haben dazu kleine Proben von Bleiazid zur Detonation gebracht und dabei die in einer großen Vakuumkammer expandierenden Reaktionsschwaden beobachtet. Noch heute fühle ich das Zittern meiner Finger bei dem Gedanken, wie ich das unscheinbare weiße Pulver aus einem großen Behälter sehr behutsam in kleine Kapseln gestopft habe. Bei der geringsten Unachtsamkeit oder hartem Kratzen mit dem Schöpflöffel würde eine spontane Detonation ausgelöst, mit unabsehbaren Folgen. Danach wurde jeweils eine der kleinen Kapseln in einer mehrere Meter großen Vakuumkammer – gewissermaßen in einem Mini-Weltraum – frei aufgehängt und mittels eines elektrischen Funkens gezündet. In weniger als einer Millionstel Sekunde läuft die Detonation ab, und innerhalb einer sehr kurzen Reaktionszeit verwandelt sich das Bleiazid-Pulver in Schwaden von Blei- und Stickstoffgas, die unter Freisetzung einer großen Energiemenge mit einer Geschwindigkeit von bis zu 20 km/s in das Vakuum expandieren. Dabei kondensiert der Bleidampf zu winzigen Bleikügelchen, welche wie Kometen im Weltall auf die Wände der Vakuumkammer auftreffen und mikroskopische Einschlagskrater hinterlassen.

Derartige Vorgänge laufen um sehr viele Größenordnungen langsamer ab als beim Urknall und sind nicht damit vergleichbar. Aber es lassen sich daran Vorstellungen entwickeln, wie sich unter extremen Bedingungen Moleküle in Atome umwandeln, um gleich danach wieder neue chemische Verbindungen einzugehen. Außerdem konnten wir im Laufe der Experimente Messverfahren und spezielle Geräte entwickeln und erproben, welche dann später bei der Erforschung des realen Weltraums mittels Forschungssatelliten benötigt wurden. Dazu gehörten elektrische Feldantennen, Gasdichte-Fühler und lichtempfindliche Sensoren.

Damals geisterte die Idee durch die Köpfe der Physiker, dass während der Expansion des Weltalls gewissermaßen als Nachwehe zu dem dramatischen Geburtsvorgang im Urknall eine schwache Kältestrahlung mit einer Temperatur von −270° C theoretisch existieren müsste. Die Auffindung und tatsächliche Messung dieser so genannten 2,7 K Hintergrundstrahlung würde wesentlich zur Bestätigung der Existenz des Urknalls beitragen sowie Aussagen über die Expansion des Weltalls ermöglichen. Die tatsächliche Messung der zu erwartenden sehr schwachen Strahlung lässt sich allerdings nicht einfach mit einem zum Himmel gerichteten Teleskop durchführen; dazu sind die von der Erdatmosphäre ausgehenden Störsignale zu groß. Deshalb wurden Forschungsraketen mit hochempfindlichen Sensoren ausgerüstet und zur Beobachtung der gesuchten Strahlung 80 bis 100 Kilometer hoch über die störende Erdatmosphäre geschickt.

Während meiner Zeit an der Universität in Bonn haben wir eine ziemlich komplizierte optische Messvorrichtung entwickelt und gebaut, welche vor dem Abschuss der Rakete mit Hilfe supraflüssigen Heliums bis herunter zu −272° C gekühlt wurde. Die Kühlung des Messgerätes war notwendig, weil die zu messende Hintergrundstrahlung in diesem niedrigen Temperaturbereich erwartet wurde. Das ist so ähnlich, wie man zum Bestimmen der Temperatur in Schnee und Eis nicht ein glühend heißes Gerät verwenden kann, sondern dieses vor der Messung ungefähr auf die Temperatur des Eises abkühlen muss.

Die Forschungsrakete wurde damals in einer sehr aufwändigen Aktion zu dem Abschussplatz nach Sardinien geschafft. Es ist heute kaum vorstellbar, wie kompliziert allein der dazu erforderliche Transport von einhundert Litern flüssigen Heliums von Bonn nach Sardinien war. Umso größer war dann der Triumph, als Anzeichen der bis dahin nur vermuteten 2,7 K Hintergrundstrahlung im Weltraum tatsächlich gefunden waren.

Eine weitere Herausforderung für Physiker waren damals der Nachweis und die quantitative Messung der im Weltraum und auch in der oberen Erdatmosphäre vorhandenen Atome, Moleküle und Staubteilchen. Mit den entsprechenden Daten würde sich das Verständnis der Entfaltung des Weltraumes und der Besonderheiten unserer Erde verbessern lassen. Wolfgang Paul hatte die bahnbrechende Idee zum Bau von sogenannten Massenspektrometern, mit denen sich die chemische Zusammensetzung von Gasen bestimmen lässt, also auch im Weltall und in der Erdatmosphäre.

Die Funktion solcher Massenspektrometer ist kompliziert. Zunächst werden die im zu analysierenden Gas vorhandenen Atome und Moleküle ionisiert. Dabei wird durch Beschuss mit einem Elektronenstrahl den Molekülen eines ihrer in der Elektronenhülle vorhandenen negativ geladenen Elektronen entrissen. Dadurch werden die Moleküle elektrisch positiv aufgeladen und lassen sich durch elektrische Felder beeinflussen und entsprechend ihrer Masse sortieren und nachweisen. Diese komplizierte Beeinflussung der Ionen durch elektrische Wechselfelder lässt sich mittels einer Anekdote veranschaulichen, die man sich damals in unserem Institut erzählte.

Wolfgang Paul bewohnte ein altes Haus in Bonn. An jedem Sonntagmorgen wünschte seine Frau zum Frühstück ein weich gekochtes Ei, welches aus der Küche im Erdgeschoß zum Schlafzimmer im oberen Stockwerk gebracht werden musste. Paul balancierte das Ei auf einem Tablett, während er schnaufend die enge Treppe hinaufstieg. Wenn er dabei nicht aufpasste, rollte das Ei hinunter und zerbrach auf den Treppenstufen. Der darüber verärgerte Paul entdeckte, dass das Ei einigermaßen stabil liegen blieb, wenn er das Tablett beim Treppensteigen in einem bestimmten Rhythmus wiegte. Deshalb schaukeln übrigens auch Kellner ihre voll gepackten Tabletts so schwungvoll zwischen den mit Gästen besetzten Tischen, ohne dass dabei etwas herunterfällt.

Die Massenspektrometrie entwickelte sich in den vergangenen Jahrzehnten zu einer außerordentlich nützlichen und in vielen internationalen Forschungseinrichtungen erfolgreich eingesetzten Technik. Nicht nur für die chemische Analyse der Gase im Weltraum, in der Atmosphäre, der Atemluft oder in chemischen Prozessanlagen, sondern überall dort, wo chemische Reaktionen ablaufen. Zum Beispiel auch in Verbrennungsmotoren. Inzwischen hat ein ehemaliger Promotionsstudent von mir diese Technik perfektioniert, und er leitet ein entsprechendes international renommiertes Institut als weltweit bekannter Professor.

Die ersten in Bonn entwickelten Massenspektrometer waren gewaltige Anlagen, die sich im Treppenhaus des physikalischen Instituts über mehrere Stockwerke ausbreiteten. Ich selbst war am Bau von kleineren Geräten beteiligt, welche mit Höhenforschungsraketen in die hohe Atmosphäre geschickt wurden. Heutzutage stehen hochempfindliche Massenspektrometer zur Verfügung, die Platz finden auf einer Münze.

Das Zeitalter der Raumfahrt brach an und entwickelte sich stürmisch, beschleunigt durch den für alle Welt überraschend erfolgten Start des sowjetischen Satelliten „Sputnik", welcher 1957 seine auf der ganzen Welt mit einem gewöhnlichen Radioempfänger abzuhörenden Piepstöne aussandte. Das war damals eine Sensation, und ich lauschte fasziniert auf die Signale des allerersten von Menschen gemachten Erdtrabanten. Angespornt durch den Erfolg der Sowjetunion drängten die Amerikaner mit aller Macht in den Weltraum und wollten unbedingt als erste Menschen den Mond betreten.
Ein dabei ungelöstes Problem bestand darin, dass ein Raumflugzeug beim Rückflug zur Erde mit großer Geschwindigkeit in die dichte Erdatmosphäre eintaucht, stark abgebremst und gleichzeitig sehr heiß werden würde mit der Gefahr, dabei wie eine Sternschnup-

pe zu verglühen. Diese Vorgänge mussten vor Durchführung der Raumflüge theoretisch berechnet und realistisch simuliert werden, um geeignete Materialien für den Schutzschirm des Raumfahrzeuges entwickeln zu können.

Im Deutsch-Französischen Forschungsinstitut ISL in Frankreich haben wir mit einem Stoßrohr eine kurzzeitige, den Wiedereintrittsvorgang von Raumfahrzeugen realistisch wiedergebende sogenannte Hyperschallströmung erzeugt und deren Wirkung auf verschiedene Modelle der Raumfahrzeuge studiert. Dazu war in einer großen Versuchshalle ein viele Meter langes Stoßrohr montiert, welches in einer gewaltigen Vakuumkammer mündete. Das Gas im Stoßrohr wurde auf einen hohen Druck komprimiert, eine Membrane barst, der Gaspfropfen expandierte mit großer Geschwindigkeit innerhalb von sehr kurzer Zeit in die Vakuumkammer und umströmte das Modell des Raumfahrzeuges so wie beim Wiedereintritt in die Erdatmosphäre. Mittels eines speziellen Massenspektrometers, montiert im Modell, wurde der chemische Reaktionsablauf in dem entstehenden Gaspolster an dem Schutzschirm gemessen. Die gesamte Anlage erforderte während des Betriebes den Einsatz zahlreicher Ingenieure. Ich selbst kauerte während der vielen Versuche zusammen mit den per Hand zu bedienenden Messgeräten dicht neben der riesigen Vakuumkammer mit den Beobachtungsfenstern in einer Schutznische, um den schlimmsten Wirkungen des bei dem Betrieb möglicherweise unbeabsichtigt berstenden Stoßrohres zu entgehen. Schließlich waren die gewünschten Messdaten gewonnen und nach komplizierten theoretischen Berechnungen die Vorgänge beim Wiedereintritt des Raumfahrzeuges verstanden. Bald danach, 1969, landete der erste Mensch auf dem Mond und kam tatsächlich wieder heil zurück auf die Erde.

Während die Elementarteilchen-Physiker im Laufe von Jahren immer größere und leistungsstärkere Maschinen, insbesondere in der Schweiz in der Anlage CERN, aufbauten, um den Geheimnissen des Urknalls näher zu kommen, konzentrierten sich andere Wissenschaftler auf die Erkundung der Entfaltung des Weltraums unter Ausnutzung von Satelliten. Mittlerweile umkreisen Tausende von Forschungs-, Beobachtungs- und Kommunikationssatelliten die Erde auf unterschiedlichen Bahnen oder werden auf weite Reisen zu anderen Planeten, Kometen und Sternen gesandt.

Die heutzutage für das Leben der Menschen auf der Erde wichtigen Satelliten stellen die gesamte globale Kommunikation und Navigation sicher. Beim Einschalten der vielen internationalen Fernsehprogramme im Wohnzimmer, bei der störungsfreien Übertragung von Gesprächen, Bildern oder auch ganzer Filme aus jedem Winkel der Erde und schließlich bei der perfekten navigatorischen Führung von Autos durch fremde Städte ist es den meisten Menschen wohl kaum bewusst, dass diese täglich erlebten Selbstverständlichkeiten auf der präzisen Funktion Hunderter Satelliten im Weltraum beruhen.

Ein Kommunikationssatellit hat die Größe eines kleinen Hauses. Er wiegt zu Beginn seiner Mission einige Tonnen und ist auf seiner Oberfläche gespickt mit zahlreichen Antennen, Sensoren, kleinen Steuertriebwerken und Schutzschirmen. Im Inneren des Satelliten befinden sich komplizierte Anordnungen von mechanischen Stützstrukturen, elektronischen Geräten, unzähligen elektrischen Kabeln, großen Treibstofftanks und einem Gewirr von Rohrleitungen und Ventilen. Die Lebenszeit eines Kommunikationssatelliten beträgt zehn bis fünfzehn Jahre, und für seine optimale Funktion sind die Einhaltung seiner Flugbahn sowie die genaue Ausrichtung seiner Antennen von ausschlaggebender Bedeutung.

Nur mittels einer präzisen Lagekontrolle des Satelliten ist es möglich, die Antennen auf den gewünschten Punkt auf der Erde auszurichten, um damit eine gute Bildübertragung oder auch eine genaue Satellitennavigation mittels der GPS-Geräte auf der Erde zu gewährleisten. Optische Sensoren blicken in definierter Weise zu ausgewählten weit entfernten Fixsternen. Damit wird die Lage der Satelliten im Weltraum festgestellt. Beim Abweichen von der Soll-Bahn und Soll-Richtung werden kleine Steuertriebwerke auf der Satellitenoberfläche aktiviert. Die angesprochenen Steuertriebwerke werden bei Bedarf kurzzeitig gezündet und korrigieren Bahn und Lage des schweren Satelliten ganz vorsichtig. Man kann sich das vorstellen wie ein großes Schiff, welches mittels seiner relativ kleinen und schwachen Bugstrahlruder beim Anlegen an die Kaimauer bugsiert wird.

Bei Inbetriebnahme eines Steuertriebwerks öffnen sich kleine Brennstoffventile durch ein elektrisches Signal, und der flüssige Brennstoff strömt mit dem Oxidator in die Brennkammer des Triebwerks, wo die beiden Flüssigkeiten zusammentreffen und sofort miteinander reagieren. Die entstehenden Verbrennungsgase expandieren unter hohem Druck durch die Triebwerksdüse in den Weltraum und üben dabei einen Rückstoß aus, welcher die Lage des schweren Satellitenkörpers in der gewünschten Weise verändert.

Im Verlauf der Lebenszeit des Satelliten werden auf diese Weise einige hundert Kilogramm Brennstoff als Verbrennungsgase ausgestoßen, welche sich zu einem geringen Anteil auf den Antennen, Sensoren und Solarmodulen niederschlagen und Verschmutzungen verursachen. Die entsprechenden Schädigungen müssen vor dem Start des Satelliten durch vielfältige Tests untersucht und theoretisch berechnet werden. Viele der in aller Welt gebräuchlichen Steuertriebwerke wurden im Auftrag der NASA sowie der Europäischen Weltraumbehörde ESTEC in der großen Weltraumkammer meines Instituts an der Technischen Universität Hamburg-Harburg getestet, und ihre schädlichen Auswirkungen wurden quantifiziert.

Auf den von den Anwendern bevorzugten Flugbahnen um die Erde drängeln sich mittlerweile Hunderte von Satelliten, die bereits alt und ausrangiert sind. Dadurch werden Kollisionen im Weltall oder gegenseitige Behinderungen befürchtet. Ähnlich wie man auf Straßen und Autobahnen sein altes Auto mit leer gefahrenem Benzintank nicht einfach stehen lassen darf, so wurden in neuerer Zeit international gültige Regeln getroffen, welche jeden Satellitenbetreiber verpflichten, seinen alten Satelliten am Ende der Lebenszeit mit dem letzten Rest des verbleibenden Treibstoffs aus der Gefahrenzone zu manövrieren. Deshalb müssen genaue Messungen der Menge des restlichen Treibstoffs an Bord des Satelliten durchgeführt werden, um nicht unnötigerweise den wertvollen Satelliten zu früh aus dem Verkehr zu ziehen. Damit verbunden ist ein messtechnisch schwieriges Problem, denn die für das letzte Manöver benötigte geringe Treibstoffmenge von weniger als einem Liter muss unter den Bedingungen der Schwerelosigkeit in großen fast leeren Treibstofftanks genau bestimmt werden.

In diesem Zusammenhang haben wir im Auftrag der Weltraumbehörde ESTEC und der NASA unterschiedliche Sensoren und Messverfahren ersonnen, deren Funktion und Genauigkeit unter Schwerelosigkeit getestet werden sollten. Die Bedingung der Schwerelosigkeit, die in jedem Satelliten beim Flug im Weltall gegeben ist, kann kurzzeitig für eine Dauer von weniger als einer Minute in einem Flugzeug hergestellt werden, das sich auf einer sich viele Kilometer hinziehenden Parabelflugbahn bewegt. Dazu dient ein normales, allerdings verstärktes ziviles Passagierflugzeug, in dessen Innenraum die zu testenden Messapparaturen eingebaut werden. Wir montierten unsere mit Wasser gefüllten Modelltanks zusammen mit den Messvorrichtungen zur Inhaltsmessung im Flugzeug und warteten gespannt auf die bevorstehenden Parabelflüge über dem Golf von Mexiko.

Der Pilot steuert das große Boeing-Flugzeug in einen steilen Aufwärtsflug, schaltet dann die Triebwerke nahezu ab und lässt das Flugzeug ähnlich wie einen mit einem kräftigen Stoß nach oben in den Himmel gestoßenen Fußball ohne Antrieb weiterfliegen. Der Flieger überschreitet schließlich den Scheitelpunkt seiner Flugbahn viele Tausend Meter über dem Erdboden und geht danach in einen Sturzflug über. Nicht mehr weit über dem Erdboden werden die Triebwerke mit Höchstleistung wieder eingeschaltet, das Flugzeug wird kurz vor dem Zerschellen am Boden abgefangen und geht gleich danach wieder in einen Steigflug über, um die nächste schwerelose Phase der Flugparabel vorzubereiten.

Die Empfindungen eines Menschen bei diesen Flugmanövern sind überwältigend. Unmittelbar vor Eintreten der Schwerelosigkeit stehen wir noch um unsere Messvorrichtung herum und beobachteten die Funktion der Messfühler in dem mit wenig Wasser gefüllten und aus durchsichtigem Plastikmaterial gefertigten Satellitentank. Dann plötzlich verstummen die zuvor dröhnend lauten Triebwerke des Flugzeugs, der Boden unter den Füßen löst sich, und der Körper schwebt ähnlich einem Engel durch den Raum, wie man das vielleicht schon mal geträumt haben mag. Ein sachtes Stoßen an die Wand oder eine leichte Berührung mit einem anderen ebenfalls durch den geräumigen Raum des Flugzeugs schwebenden „Engel" bewirkt, dass sich der Körper sanft und ohne eigene Einwirkungsmöglichkeit auf den Kopf stellt, zu rotieren beginnt oder auch wie ein Vogel über die fest geschraubten Messapparaturen hinweg fliegt. Das in den Tanks sichtbare Wasser kriecht an den Innenwänden empor und sammelt sich in den dafür vorgesehenen Winkeln. Wir alle reagieren begeistert, ja geradezu euphorisch.

Dann, nach fünfundzwanzig Sekunden, muss der Sturzflug abgebrochen werden, die Triebwerke heulen auf, und das Flugzeug strebt steil nach oben. Damit wird der schwerelose „Engelsflug" schlagartig beendet, die Experimentatoren purzeln unsanft auf den Boden des Flugzeuges und werden dort wegen des steilen Aufwärtsfluges zunächst mit dem doppelten Körpergewicht festgehalten. Nach vielen derart aufeinander folgenden Parabelflügen waren wir erschöpft und glücklich, alles heil überstanden zu haben. Nachts werden die Messungen ausgewertet, und an den folgenden Tagen wiederholen sich die überirdischen Spielchen. Die Erinnerung an diese erlebte Schwerelosigkeit hat sich tief eingeprägt, und ich möchte sie nicht missen.

Extreme Herausforderungen liebe ich, und ich habe mich deshalb als Wissenschaftler besonders gern bei Forschungsprojekten engagiert, welche neben der wissenschaftlich interessanten Fragestellung auch verbunden waren mit persönlich spannenden Erlebnissen. So erhielt ich nach erfolgreich absolviertem Training und strengen Tests zur Gesundheit die Gelegenheit, an einem Testflug eines Alpha-Jet Jagdflugzeuges der Flugstaffel in Husum teilzunehmen, um die Wirkung extremer Beschleunigungen am Menschen und am Material zu untersuchen.

Der Testpilot und ich in dem engen Cockpit flogen im Tiefflug über Deutschland und vollführten dabei zur Erlangung maximaler Beschleunigungen gewagte Flugmanöver. Dabei wurden die Augäpfel verformt, was ein klares Sehen verhinderte. Der Schädel saß unendlich schwer und bewegungsunfähig auf dem Rumpf, die Arme und Hände auf den schmalen Sitzlehnen ließen sich nicht mehr anheben, und die Bedienungselemente konnten nur noch mit den Fingern gesteuert werden. Mittels eines Mikrofons konnte ich mit dem vor mir in dem schmalen Cockpit angeschnallt sitzenden Piloten kommunizieren, der mir die Flugmanöver erklärte und mich einige Male aufforderte, selbst die Steuerung des Jagdflugzeuges zu übernehmen und Flugmanöver durchzuführen. Wir flogen Saltos und atemberaubende Drehungen um die eigene Achse, die Landschaft dicht unter uns, fast in Baumwipfelhöhe. Schweißgebadet und tief beeindruckt kletterte ich nach einer aufregenden Flugstunde aus dem Cockpit auf die Stummelflügel des Alpha-Jets und sprang mit wackeligen Beinen zu Boden. Ich bewundere die Piloten derartiger Fluggeräte, die mit einer unglaublichen Konzentration und unter unmenschlich harten Bedingungen blitzschnell die richtigen, wohl zum Teil instinktgesteuerten Entscheidungen treffen müssen.

Die tägliche Arbeit eines normalen Physikers besteht zumeist nicht aus der Ausführung interessanter Experimente zum Verständnis des Urknalls oder auch zur Entwicklung neuer Forschungssatelliten, sondern vielfach aus einem mühsamen, manchmal fast verbissen geführten Kampf, um der Natur verborgene Geheimnisse zu entlocken oder unspektakuläre, aber wichtige technologische Probleme zu lösen.

Eine solche langanhaltende Entwicklungsarbeit unter Beteiligung Tausender von Physikern, Mathematikern und Ingenieuren aus aller Welt führte schließlich zur Realisierung der heutzutage leistungsstarken Computer, welche in einigen speziellen Bereichen dem menschlichen Gehirn fast ebenbürtig sind. Als junger Wissenschaftler führte ich meine Berechnungen noch mit Hilfe eines Rechenschiebers und unter Anwendung von Logarithmentafeln aus. Heute weiß niemand mehr, was das eigentlich ist. Später bei den Arbeiten am Synchroton in Bonn wurden große Rechneranlagen benutzt, die von dröhnenden Kühlaggregaten mit Frischluft versorgt und mit Stapeln von Lochkarten gesteuert wurden. Ein paar moderne winzige Mikrochips leisten heutzutage viel mehr.

Die Elektronik-Einheiten in unseren Höhenforschungsraketen mussten zwecks Reduzierung der Nutzlasten möglichst klein gehalten werden. Wochenlang habe ich die damals neu aufgekommenen, allseitig bestaunten Transistoren möglichst eng auf Platinen zusammengelötet. Heute würde die damals mehrere Kilogramm schwere Einheit nur noch wenige Gramm wiegen.

Die inzwischen alles beherrschende Computertechnik mit ihren unzähligen und undurchschaubaren Elektronik-Einheiten, vollgestopft mit Mikrochips, birgt auch einige Unannehmlichkeiten. Nicht nur, dass man keine Chance mehr hat, ein defektes Gerät zu reparieren und es stattdessen umweltgerecht entsorgen muss, sondern es können auch unvorhersehbare, manchmal durchaus gefährliche Störungen auftreten.

Ein Kollege fuhr mit seinem modernen und ganz neuen Auto auf der Autobahn an einem Radiosendemast vorbei. Plötzlich war sein Fahrzeug nicht mehr steuerbar, alle Warnsignale blinkten hektisch, und er kam mit Glück irgendwo auf dem Randstreifen zum Stehen. Die Radiowellen hatten offensichtlich die Computersteuerung des Autos verwirrt. Um Ähnliches zu verhindern, werden Flugpassagiere aufgefordert, ihre Mobiltelefone während bestimmter Flugphasen nicht zu benutzen.

Die Störanfälligkeit moderner Elektronik-Geräte durch elektromagnetische Felder stellt ein großes Problem dar. Große Forschungsinstitute beschäftigen sich ausschließlich damit, geeignete Schutzmaßnahmen für empfindliche Geräte und ganze Anlagen zu entwickeln und zu erproben. Wir haben in Hamburg zunächst ganz bescheiden in unserem Institut kleine Testanlagen und elektronische Sicherungen in Zusammenarbeit mit verschiedenen Industrieunternehmen entwickelt. Inzwischen hat sich diese Aktivität unter der Leitung meines Kollegen zu einem international anerkannten und erfolgreichen kleinen Forschungszentrum gemausert.

Persönlich schätze ich die rasante Entwicklung der modernen Elektronik- und Computertechnik eher etwas skeptisch ein. Besonders der ungebremste Höhenflug der modernen weltweit miteinander vernetzten und vielfach anonym und kaum noch kontrollierbaren Rechnersysteme lässt mich frösteln. Als junger Physiker habe ich die ersten Anfänge moderner Rechnertechnik wie zarte, aus dem Erdreich brechende Frühlingsboten aufkeimen sehen und mich an deren Pflege begeistert beteiligt. Jetzt aber scheint sich das Ganze wie ein unkontrolliert wuchernder tropischer Urwald aufzuführen, und man kann fürchten, darin zu ersticken. Vielleicht wird im Zuge dieser Entwicklung der Mensch zurückgestuft von der Position des alles beherrschenden Machers zurück zu einem affenähnlichen Wesen, das sich darüber freut, in dem von ihm selbst geschaffenen Urwald gelegentlich eine schöne Blume oder Banane zu finden.

Mit zunehmendem Alter wächst bei mir das Gefühl, dass die Fortentwicklung einer ohnehin bereits alle nur denkbaren Wünsche und Bedürfnisse erfüllenden Technik wohl nicht das Lohnendste aller Ziele im Leben darstellt. Menschliche Gefühle, Erlebnisse in der realen Natur, das stolze Empfinden, etwas zu meistern, treten zurück vor der Allmacht der Mikrochips. Vermutlich beruht meine etwas zurückhaltende Grundstimmung aber einfach darauf, dass ich mit der von modernen Computern gestützten Technik nicht mehr mitkomme.

Bei all meinen früheren experimentellen und theoretischen Forschungsprojekten habe ich wirklich verstanden, was ich da eigentlich mache. Ein Naturwissenschaftler versucht gewissermaßen, ein vernünftiges Gespräch mit der Natur zu führen, bestehend aus Fragen, Antworten und Verstehen. Eine durch Computer beherrschte Kommunikation mit der Natur gelingt mir, wie übrigens vielen älteren Menschen auch, nicht mehr so gut. Junge Menschen, die bereits mit Computern und deren Vorzügen und Nachteilen aufgewachsen sind, haben damit offensichtlich keine Probleme und haben sich längst wie junge Vögel aufgemacht, neue Länder zu entdecken. Wir alten Wissenschaftler glauben noch daran, unsere Erfahrungen an die jungen Leute weitergeben zu können. Aber vermutlich ist das eine unrealistische Hoffnung. So bleibt uns wohl eher die Rolle alter Saurierskelette im Museum, die von jungen Schulklassen ehrfürchtig und ein bisschen spöttisch bestaunt werden.

Der geheime Wunsch einiger Physiker und auch anderer Wissenschaftler ist es, Professor an einer wissenschaftlichen Universität zu werden. Ein Professor an deutschen Hochschulen genießt besondere grundgesetzlich gesicherte Privilegien, nämlich die verbriefte Freiheit von Forschung und Lehre. Wenn das mühsame und auch durch glückliche Zufälle geprägte Berufungsverfahren erfolgreich bestanden wurde, kann sich ein deutscher Professor fast wie ein kleiner Gott fühlen. Er ist umgeben von jungen, wissbegierigen und intelligenten Menschen; er ersinnt spannende neue Forschungsaufgaben und versucht, die für deren Umsetzung notwendigen Geldmittel zu organisieren; er hält Vorlesungen vor Hunderten von Studenten und kann dabei sein Wissen weitergeben; und er hat – vielleicht der wichtigste Vorteil – keinen wirklichen Vorgesetzten. Diese weitgehenden Privilegien können auch zu Fehlentwicklungen führen.

Während der längst vergangenen sogenannten Achtundsechziger Studentenbewegung wurden die Missstände und manchmal altmodischen Verhaltenweisen an den Universitäten angeprangert. Davon ausgehend breitete sich wie ein Flächenbrand eine Art kleine Kulturrevolution unter den jungen Leuten in großen Teilen ganz Europas aus, deren Nachwirkungen auch heute noch in unserer Gesellschaft zu spüren sind.

Wir Studenten der Physik und anderer Natur- und Ingenieurwissenschaften haben davon gar nichts mitbekommen und uns auch nicht sonderlich dafür interessiert. Woran lag das? Junge Studenten der Natur- und Ingenieurwissenschaften werden in einer anstrengenden, keine Kompromisse duldenden Weise geistig gefordert. Jeden Tag schwierige Vorlesungen und Übungen, bei denen den Studenten provozierend deutlich vor Augen geführt wird, dass nicht die physikalischen oder mathematischen Gesetzmäßigkeiten ungerecht, grausam oder unangemessen sind und eigentlich den Bedürfnissen der Gesellschaft angepasst werden müssten, sondern dass man selbst einfach zu dumm ist, diese zu verstehen. Die natur- und ingenieurwissenschaftlichen Professoren sind in den Augen der Studenten, vielfach zu Recht, die Meister, welche ihr Fach exzellent beherrschen und ihr Wissen als Lehrer an die Studenten weitergeben. Eine Auflehnung gegen die Professoren kommt praktisch nicht vor. Die Studenten spüren und respektieren sehr wohl die Persönlichkeit und Fachautorität eines guten Professors, dessen heutzutage so viel diskutierte pädagogische Fähigkeiten bei dem Lernvorgang eine eher bescheidene Rolle spielen. Es lässt sich als junger Mensch sicherlich viel leichter und selbstbewusster etwa mit einem Soziologie-Professor über notwendige Gesellschaftsveränderungen diskutieren und mit radikalen Methoden demonstrieren, als mit einem Mathematik-Professor über die Gültigkeit einer Zahlentheorie.

Es besteht eine deutliche Diskrepanz zwischen der Einschätzung einer Welt, beruhend auf naturwissenschaftlichem und ingenieurmäßigem Wissen, und im Unterschied dazu die Betrachtung einer aus Hoffnungen, Visionen und Wünschen geträumten Landschaft. Daraus ergibt sich eine Polarität im Verständnis der Menschen untereinander, aber auch in der Beurteilung der ganzen Welt. Diese Polarität wird auch erkennbar beim Vergleich der Fragestellungen und Ansichten von alten Naturphilosophen wie Thales, Aristoteles und Demokrit und scharfen Denkern wie Descartes und Kant mit denen moderner Gesellschaftsphilosophen wie Adorno und Habermas.

Als Professor an einer Universität, Leiter eines florierenden großen Instituts, umgeben von interessanten Kollegen, geachtet in der
Gesellschaft – ja, da hat man eigentlich ausgesorgt, und es bleiben
keine Wünsche offen. So meint man jedenfalls. Aber es gibt eben
auch Menschen, die noch mehr wollen. Nicht mehr Geld oder Ansehen, sondern die mehr vom Leben und der Welt verstehen wollen, und zwar nicht nur in einem wissenschaftlichen Teilgebiet.
Sie wollen fremde Länder, Kulturen und Sprachen kennenlernen.
Aber nicht nur während eines kurzen Urlaubs, sondern richtig mit
allen Konsequenzen.

Für mich war der Ruf des norwegischen Königs Olav, als Professor an die Universität in Tromsø zu kommen, im Jahre 1989
wie ein Paukenschlag, der mich in der geruhsamen Sicherheit an
der Technischen Universität Hamburg-Harburg aufweckte. Ich
folgte der königlichen Aufforderung und lebte drei Jahre lang in
dem mir bis dahin unbekannten und, wie ich glaubte, nur von Samen und ihren Rentieren bewohnten Land, hoch oben im Norden
von Norwegen. Im Winter fuhr ich von meinem Häuschen auf
Skiern über die tief verschneite Tundra zu meinen Vorlesungen
im physikalischen Institut. Mit meinen norwegischen Studenten
diskutierte ich neue Forschungsvorhaben. Wir entwarfen Lehrpläne und Prüfungsordnungen für die neu eingerichteten ingenieurwissenschaftlichen Studiengänge, gründeten eine kleine Techno-
logiefirma, erstritten große finanzielle Mittel von der ESTEC für
ein Weltraumprojekt, entwickelten Programme zum Austausch
von Studenten zwischen Norwegen und ganz Europa und feierten
ausgelassene Feste in der Mitternachtssonne.

Nordnorwegen habe ich von Anfang an gemocht. Die grandi-
osen Landschaften mit Fjorden, Gebirgen, Gletschern, Skären,
stillen Tälern, sturmumtosten eisig kalten Hochebenen, die engen
sich im Gebirge heraufschlängelnden kurvenreichen Sträßchen,

die zahllosen kleinen Fischerorte an der langen zerklüfteten Küste, die vielen Kneipen in Tromsø mit dem Gedränge der jungen Leute, die Diskussionen mit alten Samen in einer von vornehmen Menschen gemiedenen Kaschemme. Ich bin mit Freunden tagelang mit Hundegespannen durch die winterliche Finnmark gezogen. Wir haben bei klirrendem Frost im Schnee gezeltet, am Lagerfeuer Rentierzungen gebraten und uns unter dem von farbigen Nordlichtern erhellten Winterhimmel über das Leben und seinen Sinn unterhalten. Dabei saßen unsere Schlittenhunde um uns herum, starrten uns mit ihren im Feuerschein funkelnden Augen an und brachen gelegentlich in ein schaurig schönes Wolfsgeheul aus.

Mein zuvor im Wesentlichen durch die Beschäftigung mit Naturwissenschaften geprägtes Weltbild wurde in Norwegen verändert und erweitert. Was bewegt die Menschen, und wie leben sie in der harten, winterlichen Landschaft weit nördlich des Polarkreises? Nordnorweger sind sehr verschieden von den Einwohnern Südnorwegens. Sie sind selbstbewusst, besonders auch die Frauen, unkompliziert, sportlich und mit ungemütlichen Witterungsbedingungen vertraut. Sie sind stolz auf ihr karges Land, lieben weite Berg- und Skiwanderungen und wagemutige Angeltouren auf stürmischer See. Und sie trinken gern. Ich habe Verständnis für die rauen Naturmenschen gewonnen und dabei für mein weiteres Leben wichtige Erfahrungen gesammelt.

1992 drangen in Form von kollegialen Telefonaten Signale zu mir in den weit abgelegenen Erdwinkel, dass man mich als Präsidenten der Technischen Universität Hamburg-Harburg wünschte. Ich begriff das als Chance, die Gelegenheit geboten zu bekommen, eine große wissenschaftliche Institution zu leiten mit tausend Mitarbeitern, vielen Studenten, einem beeindruckend großen finanziellen

Budget, und das Ganze eingebettet in Hamburg, einer faszinierenden, aufgeschlossenen Hansestadt mit engem Kontakt zur Politik.

Der Präsident einer Universität hat vielfältige Möglichkeiten, die ihm anvertraute Institution mit seinen Ideen zu beeinflussen, einen gemeinsamen Geist zu Leistungsbereitschaft und Verantwortung zu befördern, die Studenten und Mitarbeiter zu motivieren, mit gleichgesinnten Kollegen Allianzen für eine gedeihliche Hochschulentwicklung zu schmieden und schließlich mit den Politikern Bedingungen zum Weiterausbau der Universität, zur Finanzierung teurer Projekte und zur verbesserten Ausgestaltung von Lehrplänen und Prüfungsordnungen auszuhandeln.

Während einer Diskussion der in der Rektorenkonferenz versammelten Rektoren und Präsidenten deutscher Universitäten mit dem damaligen Bundespräsidenten Roman Herzog wurde von diesem eine bemerkenswerte Ansicht vertreten. Auf die allgemein geführten Klagen über die lähmenden Vorschriften und Gesetze an den Hochschulen entgegnete er, dass es von Verantwortungsträgern erwartet werden könne, gelegentlich eigenverantwortlich und ganz bewusst die gegebenen administrativen Regeln zu übertreten. Natürlich nicht zur Erlangung persönlicher Vorteile. Nur dadurch könne eine evolutionäre Entwicklung einsetzen, um das zuweilen erstarrte und lähmende Dickicht von Regelungen zu lichten. Ich habe mit dieser präsidialen Empfehlung später des öfteren aufgetrumpft bei quälend langen und fruchtlosen Diskussionen mit der Universitätsverwaltung über die Einhaltung von Vorschriften.

Bei der Leitung des akademischen Senats, des höchsten Gremiums einer Universität, fühlte ich mich gelegentlich wie ein Dompteur in einer Zirkusarena, beobachtet von allen, die darauf hoffen, ihre Interessen durchzusetzen. Der Präsident muss versuchen, die Diskussion und die entscheidenden Abstimmungen zu steuern unter

Berücksichtigung seines Hintergrundwissens über die Machbarkeit wünschenswerter Vorhaben und deren realer Durchsetzbarkeit. Dabei muss er die sehr unterschiedlichen Interessensströmungen und Stimmungen innerhalb der Universität und natürlich auch die Vorstellungen der von außen einwirkenden Politik im Auge behalten. Naturgemäß haben die vielen Mitarbeiter einer großen Institution, die von ihren Forschungsprojekten überzeugten Professoren und die am Erfolg ihres Studiums interessierten Studenten unterschiedliche und häufig sich widersprechende Wünsche. Der gesamte Betrieb erfordert große finanzielle Mittel, die in Konkurrenz zu vielen anderen Hochschulen und Institutionen in Hamburg begründet und schließlich erstritten werden müssen. Dabei geht es zum Beispiel um die Errichtung weiterer Hochschulbauten, um den Ausbau der miteinander konkurrierenden Bibliotheken oder auch um die Verbesserung der Zusammenarbeit zwischen den Hochschulen.

Hamburg als freier Stadtstaat ist in politischer Hinsicht ein relativ übersichtliches Biotop, wo man oft Gelegenheit hat, die maßgeblichen Politiker, Wirtschaftsmanager, Gewerkschafts- und Medienvertreter auf den vielen Empfängen, Diskussionsrunden oder auch in vertraulichen Gesprächen persönlich zu treffen. Wichtige Entscheidungen werden nicht nur durch gute Argumente, sondern auch durch die gegenseitig entgegengebrachte Wertschätzung sowie das Vertrauen in die Ehrlichkeit des Gesprächspartners positiv beeinflusst, wobei die freie Presse und die Meinung der Öffentlichkeit eine nicht unerhebliche Rolle spielen.

Meine Universität hatte damals die durchaus erfolgreiche Taktik eingeschlagen, regelmäßig in den Augen der Öffentlichkeit positive Verlautbarungen und allgemein respektierte Maßnahmen aus der Universität in die Medien zu bringen. Dazu gehörten zum Beispiel die Verleihung eines Industriepreises an einen hervorragenden Studenten, die erfolgreiche Promotion einer jungen Frau, der gewonnene Preis bei der Rudermeisterschaft oder die spannenden Aussichten auf ein großes Forschungsprojekt. Ich habe damals gelernt, dass Medien neben der Verbreitung von Informationen die Leser oder Zuschauer unterhalten wollen und müssen, am besten mit persönlich anrührenden Geschichten aus dem Leben. Unterhaltung scheint zumeist dann Anklang zu finden, wenn von Bösewichtern und skandalösen Missständen oder aber von guten Taten und leuchtenden Vorbildern berichtet wird. Wir waren bestrebt, dass unsere Universität in der zweiten Kategorie in Erscheinung tritt.

Großen persönlichen Zuspruch während und nach meiner Zeit als Präsident habe ich von dem weisen und Respekt einflößenden Altkanzler Helmut Schmidt erfahren. Die vielen Diskussionen und anregenden Gespräche in seinem Heim im Kreise von anderen interessanten und bedeutenden Persönlichkeiten haben mir sehr viel bedeutet. Oft habe ich bei meinen späteren einsamen Abenteuern über die zur Sprache gekommenen Hintergründe und Ansichten aus Politik, Kultur und Gesellschaft nachgedacht und dabei versucht, meine persönlichen Eindrücke, gewonnen in fremden Ländern und in der wilden Natur, einzuordnen.

Eine für jeden Hochschulpräsidenten schöne und von mir sehr genossene Zugabe besteht in der Möglichkeit, im Rahmen der unzähligen nationalen und internationalen Konferenzen über Hochschulfragen unterschiedliche Länder sowie interessante und einflussreiche Persönlichkeiten aus aller Welt kennenzulernen. Bei den Reisen nach China, Russland, Südamerika und in alle Länder Europas konnten viele Anregungen für die eigene Universität gewonnen und Netzwerke zum Austausch von Studenten und Wissenschaftlern geknüpft werden.

Mir ist dabei deutlich geworden, dass die an deutschen Hochschulen gepflegte Ingenieursausbildung sicherlich zu den weltweit besten gehört und zu einem wesentlichen Teil zu dem Siegeszug deutscher Ingenieurkunst auf der ganzen Welt beiträgt. Mit Skepsis verfolge ich daher die neuerliche Entwicklung der geradezu inflationären Vergabe von Bachelor- und Masterabschlüssen von teilweise nicht besonders qualifizierten Hochschulen in ganz Europa. Dadurch besteht die Gefahr einer Verflachung des bisher sehr soliden und anspruchsvollen Studiums der Ingenieurwissenschaften und der entsprechenden Studienabschlüsse auch in Deutschland. Der deutsche Diplomingenieur, den ich auf Diskussionsrunden im Ausland gern als Schwergewicht bezeichnete, sollte auch im Titel als solcher kenntlich gemacht werden. Um sich von den Massen der üblichen Master-Titel abzuheben, könnte vielleicht der Titel „Master (MG)" gebraucht werden, ähnlich dem Qualitätsmerkmal „Made in Germany".

Die übliche Amtsdauer für einen gewählten Universitätspräsidenten beträgt sechs Jahre mit der Möglichkeit einer Verlängerung durch Wiederwahl. Ich habe während meiner Zeit als Präsident gespürt, dass eine zeitlich lange Machtausübung unmerklich und auch ungewollt korrumpiert. Man hat sich als Präsident in dem gegebenen politischen System etabliert, sich Netzwerke von Freunden und wohlmeinenden Persönlichkeiten geschaffen; man hat sich – wie man sich einbildet – mit guten Ratgebern umgeben; man kennt und beherrscht alle Verfahrenstricks, um sich selbst durchzusetzen und missliebige Meinungen abzublocken. Es wurde ein gewisses Machtgefüge aufgebaut, welches von Kritikern nur schwer zu durchdringen ist. Man ist persönlich von der Richtigkeit seiner Entscheidungen überzeugt, nicht zuletzt auf Grund der zustimmenden Worte des Beraterkreises, und man selbst hat sich mit persönlicher Selbstüberschätzung und Eitelkeit an die gegebene Machtfülle gewöhnt, man genießt seinen Status. Um schädliche Auswirkungen für die Institution zu verhindern, welche zu leiten man berufen wurde, halte ich eine einmalige Amtsdauer für besser als eine vielleicht

sogar mehrfach erfolgende Wiederwahl. Ich habe nach sechs Amts-
jahren meine Wiederwahl abgelehnt und den Präsidentenjob beendet, nicht zuletzt auch deshalb, weil ich während meiner Amtszeit
den intensiven Austausch von Studenten und Wissenschaftlern mit
anderen Hochschulen in fernen Ländern ziemlich rigoros gefordert
hatte. An dieser Forderung musste ich mich selbst nun auch messen
lassen.

Sicherlich spielte bei meiner Entscheidung auch der Wunsch
eine Rolle, wieder einmal einen Aufbruch zu fremden Ufern zu
wagen. Und diese fremden Ufer glaubte ich, in den vereisten Küsten des mit Gletschern bedeckten Spitzbergens zu erkennen. Aber
Spitzbergen ist weit im Norden gelegen, und tiefe stürmische Meere müssen zuvor überquert werden.

2. Ein Seefahrer

In den meisten Menschen steckt eine tiefe Sehnsucht nach dem Meer, dem Blick über den weiten Horizont, einer frischen Seebrise, nach dem Geschrei der Möwen, dem Donnern gewaltiger Wellen oder auch nach dem sanften Plätschern der friedlichen Dünung am sandigen Strand. Wenn dann auch noch in der Ferne ein weißes Segel auftaucht, entweicht so manchem ein fast neidischer Seufzer. Dazu hätte ich auch Lust, mit einem Segelschiff über das sonnige blaue Meer dahinzugleiten, alle Sorgen des täglichen Lebens hinter mir zu lassen und frei wie eine Möwe ferne geheimnisvolle Welten zu erkunden! Dazu geistern dann noch Kindheitserinnerungen herum von Geschichten von Sindbad dem Seefahrer, von den abenteuerlichen Fahrten des Grafen Luckner auf seinem Schiff „Seeadler" oder auch von der anrührenden Geschichte des Robinson Crusoe, gestrandet auf einer einsamen Südseeinsel. Man liest spannende Erzählungen von Weltumseglern und Entdeckern und beginnt zu träumen.

Irgendwann stellt sich die Frage: warum eigentlich nicht? Mit einem kleinen Segelboot auf der friedlichen Ostsee herumschippern, in idyllischen kleinen Häfen anlegen, in einem gemütlichen Strandrestaurant ein leckeres Fischgericht zusammen mit einem Glas Wein genießen und mit dem Blick über das Meer vor sich das sicher vertäute Boot beobachtend. So etwa hatte ich mir das vorgestellt. Aber es kam anders.

Mit einer Jolle lernte ich das Segeln auf der Alster in Hamburg, besuchte monatelang Kurse der Seefahrtsschule und sann darüber nach, mit bescheidenen Geldmitteln an ein Schiffchen zu kommen. 1985 war es soweit. Eine unscheinbare Anzeige in der Zeitung: „Stabiler 12 m Schiffsrumpf aus Stahl preiswert zu verkaufen". Nach dem Erwerb glaubte ich tatsächlich, ein Schiff zu besitzen.

Es musste ja nur noch ein bisschen ausgerüstet und mit einem Mast versehen werden, danach wäre mein Traumschiff fertig. Meine anfängliche Naivität legte sich bald. Besuche auf Boots-Messen, Gespräche mit Schiffbauern, Segelmachern und Verhandlungen mit einer kleinen Bootswerft holten mich rasch auf den Boden der Tatsachen zurück. Vom nackten Schiffsrumpf bis zum hochseetüchtigen Segler ist es ein weiter und kostspieliger Weg.

Die unvermeidlichen Verzögerungen und Lernprozesse während der weiteren Bauphase halfen mir Klarheit darüber zu gewinnen, was ich eigentlich wollte. Wirklich nur ein Segelboot für die sommerliche Ostsee? Wozu habe ich gelernt, mit dem Sextanten nach den Sternen zu navigieren und Tidenströmungen in Island zu berechnen, und wozu habe ich eigentlich einen Schiffsrumpf aus Stahl erworben? Ich ahnte bei diesen Fragen mehr, als dass es mir schon klar war: ich wollte mit meinem Schiff ferne Welten erkunden, über stürmische Meere segeln, mit den alten Wikingern wetteifern, mich zwischen Eisbergen und Walen vor Grönland tummeln und schließlich auch erfahren, wie man sich als einsamer Mensch ganz allein zwischen Wellenbergen auf hoher See fühlt.

Von spöttischen Blicken der Werftarbeiter begleitet ließ ich in dem ohnehin kräftigen Stahlrumpf weitere Spanten einschweißen, ein ungewöhnlich starkes Rigg installieren und eine robuste aber bescheidene Schiffselektronik einbauen. Es wurde gespottet: mit so einem Schiff will er nur auf der Ostsee segeln? Und was soll denn der komische Schiffsname MESUF bedeuten? Nun ja, entgegnete ich, die Ostsee kann manchmal sehr stürmisch sein, und der Name ist ein Programm: MESUF bedeutet ganz einfach <u>M</u>eer <u>E</u>is <u>S</u>onne <u>U</u>nd <u>F</u>insternis. So ein Quatsch, dachte wohl mancher.

Nach ein paar Probefahrten auf der Ostsee nach Bornholm und Stockholm beschloss meine Familie, in den Schulsommerferien von

Hamburg nach Island und wieder zurück zu segeln, nur wir Eltern mit unseren drei halbwüchsigen Kindern. Es wurde ein richtiges Abenteuer. Von Hamburg die Elbe hinunter, an Helgoland vorbei, quer über die Nordsee bei zunehmendem Wind und Wellenhöhe. Wir hatten eine feste Bordroutine vereinbart; die Kinder lösten sich Tag und Nacht jeweils alle zwei Stunden am Steuerrad ab, wobei sie dem vorgegebenen Kompasskurs genau folgten, und meine Frau war für die Verpflegung der gesamten Familie zuständig. Ich selbst trug die alleinige Verantwortung für die waghalsige Expedition, hatte die Segel zu wechseln, den Kurs zu berechnen, die Seekarten zu studieren, mittels Sextant unsere Position zu bestimmen und die Wettervorhersagen aus dem undeutlichen Sprachgewirr des Radioempfängers herauszuhören. Wenn Wind und Wellen sehr heftig wurden, übernahm ich das Steuer, um im Zwiegespräch mit meinem arg gebeutelten Schiff die Grenzen der Belastbarkeit von Segeln, Rigg und nicht zuletzt der bewundernswert tapferen Crew-Mitglieder direkt zu erfahren.

Zweifel am Erfolg unserer Unternehmung kamen nach einigen stürmischen Tagen nachts beim Herumtoben im Seegebiet um Fair Isle auf. Das ist eine winzige Felseninsel am Ausgang der Nordsee nahe den Shetlandinseln, umspült von starken von den Gezeiten abhängigen Meeresströmungen. Das Durchsegeln dieses Seegebietes mit hohen und unberechenbaren Kreuzseen ist unangenehm. Wechselnde Windrichtungen und dazu noch dichte Nebelbänke machen die Navigation schwierig. Damals gab es noch keine Satellitennavigation. Das Schiff musste gesteuert werden mit Kompass, Sextant, Log und einem wachsamen Instinkt des Steuermanns für Gefahren.

Nachts am Steuer zusammen mit meiner kleinen Tochter beobachtete ich die grobe Wellenlandschaft und den zuckenden Lichtschein eines fernen Leuchtturms und beginne, über den Sinn und die möglichen Gefahren unserer Weiterfahrt nach Island zu grübeln. Strom und Wind schienen gegen uns zu stehen, und wir kamen stundenlang kaum von der Stelle. Sollten wir aufgeben und nach Hamburg zurückkehren? „Nein, Zähne zusammenbeißen, wir segeln weiter!" Das sind solche Momente, bei denen für die Zukunft wichtige Weichen gestellt werden. Mein Töchterchen allerdings schien damals von meinem Durchhaltebeschluss nicht begeistert gewesen zu sein.

Fair Isle besitzt einen winzigen, hinter engen Felsnasen geschützten Naturhafen, in den man sich nur bei Tageslicht und sehr vorsichtig hineintasten sollte. Ein großer Dreimast-Segler ist auf seiner Reise mit Auswanderern von Bremerhaven nach New York an den schroffen Felsklippen von Fair Isle zerschellt. Alte Wrackteile und Bruchstücke ferner Erinnerungen an die damit verbundenen Dramen werden noch heute von der Handvoll Insulaner gepflegt. Wir wurden zu einem Dorffest herzlich eingeladen und nahmen bei Kaffee und Kuchen – Alkohol ist auf der Insel geächtet – an altmodischen Tänzen und Gesprächen mit den in klösterlicher Einsamkeit lebenden, sehr bescheidenen und freundlichen Menschen teil.

Später auf meinen einsamen wiederholten Segelfahrten nach Island bin ich noch einige Male auf Fair Isle gewesen. Jedes Mal war ich von den schroffen Felsen mit den dazwischen eingebetteten grünen Wiesen, den vielen Schafen, unzähligen Vögeln und dem fast immer stürmischen Wind begeistert. Ich hatte schon mit dem Gedanken gespielt, hier meinen Altersruhesitz zu wählen, aber solche Wünsche scheitern wohl an der restriktiven Ansiedelungspolitik der zuständigen Behörden. Eine Station zur Vogelbeobachtung zieht im Sommer einige wenige Vogelfreunde an. Eine kleine Fähre zwischen Fair Isle und dem nicht weit entfernten Leirvik auf den Shetlands versorgt die Einwohner.

Nach Fair Isle beruhigte sich die See, an Bord machte sich eine ausgelassene Stimmung breit. Alle fühlten sich gut, anfängliche

Seekrankheiten waren überstanden, und wir waren auch ein bisschen stolz auf unser Leben als unerschrockene Island-Fahrer. Ich beobachtete die Entwicklung zufrieden und bin auch heute davon überzeugt, dass es richtig war, der vorübergehenden Verzagtheit nicht nachgegeben zu haben. Meine Kinder waren sich später alle einig, dass unsere gemeinsame Island-Fahrt in ihrem Leben zu einer wichtigen Einsicht beigetragen hat, nämlich dass zum Leben wagemutige Entscheidungen gehören.

Die Färöer, auch Schafsinseln genannt, sind eine Gruppe von jäh aus dem tiefen Meer hoch aufragenden Felsformationen auf halbem Wege zwischen den Shetlands und Island. Hier haben bereits vor tausend Jahren die Wikinger mit ihren Drachenbooten auf dem Wege von Norwegen nach Island regelmäßig einen Zwischenhalt eingelegt und Schutz vor den groben Wellen auf dem offenen Meer in den tief einschneidenden Fjorden und geschützten Buchten gesucht.

Unsere Annäherung mit MESUF nachts und im Nebel war dramatisch. Ich war mir über unsere Position nicht sicher, denn bei schlechtem Wetter waren keine verlässlichen Beobachtungen mit dem Sextanten möglich. Um uns herum zischten weiße Schaumkronen. Mit einem starken achterlichen Wind und einer gleichzeitigen mächtigen Gezeitenströmung gegenan, schoben wir uns nur langsam voran in einen engen Fjord, der gesäumt war von im Nebel verhüllten Felswänden. Angestrengt und übermüdet starrten wir in die Nebelsuppe nach vorn; hier irgendwo müsste nach der Seekarte die Einfahrt nach Torshavn, der kleinen Hauptstadt der Färöer, zu finden sein.

Da tauchte plötzlich aus den grauen Nebelschwaden ein Schatten auf. Ist das vielleicht die ersehnte Ansteuerungstonne? Ein kleines Surfbrett, besetzt mit einem sportlichen Wikinger, preschte dicht an

MESUF vorbei. Der Junge grüßte lässig zu uns herüber. Die Einwohner der Färöer sind offensichtlich ziemlich harte Kerle. Etwas beschämt und unser Selbstbewusstsein als Bezwinger der Meere zurückstutzend tasteten wir uns mit MESUF vorsichtig weiter und machten schließlich erschöpft in Torshavn neben einem Fischtrawler fest.

Inzwischen habe ich mit MESUF die Färöer schon oft angelaufen und kenne fast alle der vielen durch Tunnel, Brücken und Fähren miteinander verbundenen Felsinseln. Das Meer ist im Gegensatz zur Nordsee voller Fische und wird von unzähligen Möwen bevölkert. Ich habe Freundschaft mit alten Fischern, bärtigen Seebären und handfesten Werftarbeitern geschlossen, mit denen ich heute noch gelegentlich Briefe austausche. Besonders die wettergegerbten Seeleute haben mir Respekt eingeflößt, die teilweise in nur kleinen Booten den Unbillen der rauen Seegebiete trotzen, ganz selbstverständlich auf Komfort, Sicherheit und Wohlstand verzichten und die dabei zufrieden, ja oft sogar fröhlich sind. Ich mag es, wenn ich nach langer Fahrt mit MESUF in einem Fischereihafen mit den Menschen ins Gespräch komme und auch deren Interesse an meinen Seefahrten spüre. Man lud mich ein in ihre kleinen mit Grassoden gedeckten Häuschen, und ich durfte an einer Familienfeier der in ihre Trachten gekleideten Fischer und Seeleute teilhaben. Gesprochen wird die Färöer-Sprache, die in meinen Ohren wie ein Gemisch aus Dänisch und Norwegisch klingt, womit ich gut zurechtkomme.

Von den Färöern bis Island ist noch ein weites, stürmisches Meer zu überwinden. Es wird immer noch darüber gerätselt, wie die Wikinger damals ohne Kompass und Sextant ihre Schiffe in die Zielhäfen steuerten. Viele Abhandlungen und sogar Promotionsarbeiten wurden bereits zu diesem Thema verfasst. Es wird spekuliert über den Gebrauch von optisch doppelbrechenden Kristallen, welche bei Betrachtung des mit Wolken bedeckten Himmels aufgrund der unterschiedlichen Polarisationsrichtungen des Lichts angeblich die Himmelsrichtung verraten. Mit den Erfahrungen auf meinen vier Segelfahrten mit MESUF von Norwegen nach Island und zurück glaube ich nicht an den vermuteten Gebrauch komplizierter Navigationshilfen durch die Wikinger. Erfahrene und seetüchtige Seefahrer finden auch ohne alle technischen Navigationsmittel den Weg nach Island.

In alten Sagen wird berichtet, dass die Wikinger keineswegs pünktlich wie Postschiffe ihre Touren über die Meere durchführten, sondern für ihre grundsätzlich nur im Sommer geplanten Seereisen häufig wochenlang auf gutes Wetter warteten. Unter günstigen Bedingungen konnten mit den Wikingerschiffen jeweils in zwei Tagen die Streckenabschnitte von Norwegen zu den Shetlands, von dort zu den Färöern und schließlich als letzte Etappe nach Island durchsegelt werden. Dabei kann der ungefähre Segelkurs mittels des Sonnenstandes und des inneren Zeitgefühls sowie der Windrichtung ausreichend genau eingehalten werden, um die jeweils hoch aus dem Meer ragenden großen Landformationen zu finden. So hatte ich zum Beispiel auf der Strecke von den Färöern nach Seydisfjördur im Osten von Island bei guter Sicht eine nur eintägige Zeitspanne ohne Landsicht zu durchsegeln. Außerdem waren die hochseetüchtigen Wikingerschiffe vermutlich noch schneller als MESUF.

Natürlich kamen, genauso wie heute, auch zur Zeit der Wikinger gelegentlich überraschende Stürme oder Nebelbänke auf. Dabei verloren die Steuerleute möglicherweise ihre Orientierung, die Schiffe kamen vom Kurs ab, verirrten sich in ferne Gewässer und die Besatzungen wurden von Menschenräubern gefangen genommen und häufig in Afrika als Sklaven verkauft. Auch darüber wird in den isländischen Sagen berichtet.

Auf unserer Familienfahrt von Hamburg nach Island wollten wir nicht die Ostküste erreichen, sondern bis nach Reykjavik längs der Südküste Islands segeln. Drei Tage nach dem Verlassen von Torshavn, ausgefüllt mit einer üblen Schaukelei, stürmischen Winden und Regenschauern, wurden plötzlich die Gletscher des gewaltigen zweitausend Meter hohen Vatnajökull, Islands höchstem Gletschergebirge, über den tief hängenden dunklen Wolken weiß schimmernd wie eine Fata Morgana sichtbar. An Bord verwandelte sich die zuvor in dem Wellengetöse trübsinnige Stimmung in zuversichtliche Freude. Wir werden es schaffen!

Zwei Tage später steuerten wir um Mitternacht die südlich von Island gelegenen Westmänner-Inseln an. Wir lenkten MESUF etwas besorgt zwischen den von Brandung umschäumten hohen Felsklippen, besetzt von unzähligen Papageientauchern, in den engen Hafen. Am Kai hatten sich mitten in der Nacht viele Einwohner der kleinen Insel versammelt. Sie hatten die Lichter von MESUF bei der Annäherung bemerkt und begrüßten uns als offensichtlich seltene Gäste herzlich. Wir stiefelten über die Lavaböden, welche von dem vor einigen Jahren erfolgten Vulkanausbruch an einigen Stellen noch heiß waren. Damals wurde ein Teil der Ortschaft von Lavamassen verschüttet, aber alle Einwohner wurden in dramatischen Rettungsaktionen gerettet.

Man erzählte uns eine fast unglaubliche Geschichte von einem Fischer, dessen kleines Boot vor zwei Jahren im Winter auf dem Meer unterging. Er aber gab nicht auf, sondern versuchte tagelang schwimmend seine rettende Heimatinsel zu erreichen. Völlig entkräftet, sein Körper von Wunden entstellt, kroch er nach zwei Tagen durch die Brandung an Land und torkelte zu seinem Fischerhaus. Dort wurde gerade mit vielen Menschen eine Trauerfeier für den vermeintlich ertrunkenen Familienvater abgehalten, als er besinnungslos und vom Wasser triefend wie ein Troll in die gute Stube stürzte.

Die Umsegelung der Südwestecke von Island bedeutet für uns eine vorerst letzte große Herausforderung mit ruppigem Seegang und viel schäumendem Wasser auf Deck und kritischen Manövern beim Setzen der Sturmsegel. Um uns herum schwebten sehr elegant unzählige Tölpel, die sich aus großer Höhe pfeilschnell in das aufgewühlte Meer stürzten, um kurz darauf mit einem Fisch im Schnabel wieder aufzutauchen.

Dann endlich Ankunft in der isländischen Hauptstadt Reykjavik und Festmachen an der Seite von vier mächtigen Walfangschiffen – wir hatten es geschafft! Es gab zur Belohnung für die Crew eine kurze Ruhepause, ausgefüllt mit Wanderungen in der isländischen Lavalandschaft, stundenlangen Badefreuden in heißen dampfenden Quellen und entspanntem Bummeln durch die mit Touristen gefüllten engen Straßen. Nach einem Festmahl im noblen Fischrestaurant, in dem die Kellner die Nase rümpften über uns abgerissen aussehende Seefahrer, hieß es unerbittlich „Alle Mann an Bord, die Schulferien sind bald zu Ende, wir müssen zurück nach Hamburg!"

Weitere derartig waghalsige Segelfahrten zusammen mit meiner ganzen Familie habe ich nicht wieder unternommen. Die damit verbundene Verantwortung mochte ich nicht mehr übernehmen. Auf meinen späteren Segelfahrten mit MESUF nach Jan Mayen, Island, Grönland, Kanada, USA und Spitzbergen war ich zumeist allein unterwegs. Wenn sich schon das Schicksal eines Seefahrers erfüllen sollte, dann würde ich keine mir anvertrauten Menschen mitreißen wollen.

Ich persönlich mag das manchmal vielleicht auch gefährliche Leben auf See. Ganz allein mit MESUF auf dem Meer, um nach langer Fahrt ein neues Land zu erreichen und kennenzulernen. Während meiner Arbeit als Professor in Tromsø und später als Präsident der Technischen Universität Hamburg-Harburg habe ich immer mal wieder ein paar freie Wochen gefunden, um der Zivilisation, dem damit verbundenen Komfort und der Sicherheit und dem täglichen Allerlei mit Sorgen und bürokratischen Kleinigkeiten zu entkommen. Durchgepustet vom frischen Wind und geschüttelt von ruppigen Wellen war ich danach wieder den Erfordernissen eines normalen Lebens gewachsen. So eine etwas sportliche Ferienreise war auch meine einsame Segeltour von Tromsø über Jan Mayen, Island, Grönland, Labrador bis hin nach Neufundland, dem legendären Zielort der alten Wikinger, die lange vor Columbus Amerika entdeckten. Nach Abschluss des Sommersemesters 1991 segelte ich von Tromsø los.

Kaum war ich draußen ungeschützt auf der norwegischen See, empfing mich ein unfreundlicher Wind aus Nordwest, fast von vorn, wie das bei einsamen Seglern immer zu sein scheint. Die Wellenhöhe nahm zu, an Backbord waren die Bergspitzen der Lofoten gerade noch zu ahnen, vor mir ein weites, scheinbar von keinen Schiffen befahrenes Meer. Meine Stimmung war gedrückt, so wie das immer am Anfang einer weiten Segelreise ist. Jedes Mal gehe ich in Gedanken nochmals Proviant, Segel, Ausrüstung, Seekarten und den Treibstoffvorrat für die Maschine durch, ob von mir auch nichts vergessen wurde.

Trübe Stimmungen lassen sich gut durch Arbeiten an der frischen Luft vertreiben. Ich wechselte das Vorsegel, reffte das Groß, zurrte die Reservekanister an Deck fest, kontrollierte alle Bolzen und Schrauben und krabbelte schließlich mit meiner dicken Windjacke etwas unbeholfen durch den engen Niedergang in die Kajüte. Um den Schiffskurs brauche ich mir auf hoher See keine Sorgen zu machen, denn MESUF bleibt mit festgestelltem Ruder wie ein Ackergaul auf dem gewünschten Weg. Andere Schiffe, denen es auszuweichen gilt, gibt es in den von mir bevorzugten Gewässern nicht.

Unter Deck einen Kaffee zu bereiten, ist in einem schräg liegenden und von unregelmäßigen Wellen gebeutelten Schiff ein nervenaufreibender Job: Petroleumbrenner mit Spiritus vorheizen, die noch trockenen Streichholzschachteln in einer Plastiktüte vor der weiteren Durchfeuchtung schützen, Kaffeetüte aus dem normalerweise verschlossenen Schrank entnehmen, und dabei purzeln bei der Schüttelei des Schiffs Teebeutel, Zuckertüte und Salzstreuer auf den feuchten Fußboden. Leise fluchend alles wieder einsammeln; inzwischen ist die Spiritusflamme längst erloschen und der Petroleumbrenner schon wieder abgekühlt. Also das Ganze noch einmal. Als Mensch im kleinen Schiff wird man bei schlechtem Wetter erbarmungslos herumgeschubst, und manchmal fliegt man ganz unvorhersehbar unbeholfen durch die Gegend. Man versucht sich irgendwo festzuhalten und blickt trübsinnig auf den umgekippten Kaffeetopf, die braune Flüssigkeit verteilt sich auf der Seekarte. Entnervt greift man schließlich zur Thermoskanne mit altem Tee und genehmigt sich einen großen Schuss Rum.

In solchen Momenten beschleicht mich ein Gefühl von Unruhe, nicht eigentlich Angst, eher ein bisschen Verzagtheit und Selbstzweifel, ob das alles denn noch vernünftig ist. Dabei gehen die Gedanken nicht zurück zu dem sicheren Hafen, an meine Kinder, den Beruf, Verpflichtungen gegenüber anderen, sondern man denkt an das Hier und Jetzt. „Ist mein Schiff sicher, bin ich auf dem richtigen Kurs, bin ich für die Strapazen fit genug, was passiert, wenn der starke Wind zum Sturm wird? Wann werde ich Island erreichen, werde ich mit MESUF von Treibeis behindert oder gar eingeschlossen werden?"

Der Wind heulte im Rigg, die Segelflächen mussten weiter verkleinert werden, viel Wasser rauschte über das Vordeck, Wellen schlugen in das Cockpit und spritzten durch die Lüftungsfenster. Ich rappelte mich auf, schlüpfte in den wasserdichten Segelanzug und kroch auf dem stoßenden, glitschig nassen und schrägen Schiffsdeck nach vorn. Ich sicherte mich dabei nicht durch Leinen, denn diese behindern meine Bewegungen und verlängern die Arbeiten. Die Sicherungshaken müssten bei den Tätigkeiten auf dem Schiff immer wieder gelöst und neu eingehakt werden. Das würde eine freie Hand erfordern, und die habe ich anderweitig nötig, wenn ich mich wie ein Affe an Stagen und Griffen festklammern muss, um das Hauptsegel zu reffen, das Vorsegel herunterzuzerren, die Sturmfock zu setzen und die im Starkwind wie wild peitschenden Schoten zu bändigen.

Die in solchen Situationen erforderlichen Handgriffe werden automatisch durchgeführt. Instinktiv sehe ich die plötzlichen Schiffsbewegungen voraus, ducke mich unter den über Deck flutenden Wassermassen, blicke in die wilde Wellenlandschaft, beobachte die eleganten Flugmanöver der vielen Eissturmvögel, fühle mich zwischen den Naturgewalten wohl und werde fast auch zum Tier, ohne ängstliche Gedanken an Sicherheit und mögliche Gefahren zu verschwenden.

Jeder Sturm geht vorüber, das Meer beruhigte sich und MESUF rauschte wieder unter vollen Segeln durch die sanfte Dünung. Eine Schule Killerwale näherte sich, erkennbar an den beim Auftauchen schäumenden Bugwellen und schnaufenden Geräuschen. Sie schienen Interesse an MESUF zu haben, vielleicht sogar an dem Menschen, der auf dem Vorschiff kauerte und die elegant herumspielenden schwarzweißen Tiere anzulocken versuchte. Ein gewaltiger Walkörper tauchte unmittelbar vor mir auf, hob sich weit aus dem aufspritzenden Wasser, zwei kleine dunkle Augen blickten mich an, und ein Schwall von feuchter warmer Luft, wie die Ausdünstungen einer riesigen Kuh, bliesen mir ins Gesicht.

Ich kramte ein Unterwassermikrofon hervor, das ich, in der Hoffnung, Wale belauschen zu können, zusammen mit vielen anderen Messgeräten vorsorglich an Bord verstaut hatte. Von dem im Meer versenkten Mikrofon hörte ich im Kopfhörer zirpende und pfeifende Laute von den Walen und fühlte mich dabei wie ein Gast beim Familientreffen.

Ein paar Tage später herrschte fast Windstille. MESUF glitt sachte über das bis zum Horizont im Sonnenlicht friedlich glitzernde Meer. In der Ferne stieg eine hohe Wasserfontäne aus der spiegelglatten Wasseroberfläche. Mit dem Fernglas erkannte ich an dieser Stelle eine dunkle Masse, wie eine kleine Insel. Ich veränderte meinen Kurs und näherte mich vorsichtig, umkreise den schlafenden Wal zunächst im gebührenden Abstand. Dann kam ich immer näher, allerdings mit dem bangen Gefühl, dass der vielleicht von mir aufgeschreckte und hektisch reagierende riesige Wal mein kleines Schiff gefährden könnte. Eine weitere Fontäne wurde mit einem zischenden, fast dröhnenden Geräusch ausgestoßen, und der von mir anscheinend gestörte Wal wurde munter. Kleine Wellenberge bauten sich auf, und eine unheimlich große Fluke ragte gleich neben meinem Schiff hoch aus dem Wasser. Der Wal tauchte senkrecht nach unten ab und war verschwunden. Ich selbst saß noch eine ganze Weile erregt und fasziniert von diesem Schauspiel – wer erlebt schon so etwas?

Jan Mayen ist eine kleine, fast vegetationslose schwarze Vulkaninsel 500 Kilometer nordöstlich von Island gelegen. Sie wurde von einem holländischen Seefahrer vor einigen hundert Jahren entdeckt und nach ihm benannt, aber sie war vermutlich lange vorher den

Wikingern auf Island bekannt. Bei meiner Annäherung mit ME-SUF konnte ich die Insel wegen dicht über dem Wasser liegenden Nebelschwaden zwar nicht erkennen, aber der Gletscher auf dem 2300 Meter hohen Beerenberg – ein gewaltiger erloschener Vulkan – schien weit über dem Meeresspiegel zu schweben und strahlte weiß im Sonnenlicht.

Auf der Seekarte entdeckte ich den kleinen Krater des erloschenen Vulkans Eggöya am Südrand der Insel, der durch eine Zufahrt mit dem offenen Meer verbunden ist. Vorsichtig manövrierte ich mich näher. Überall strömten im Uferbereich vulkanische Rauch- und Dampfschwaden aus dem Boden und trugen zu der außerirdischen Wirkung der trostlosen Landschaft bei. Ich zögerte etwas, mit MESUF in den Krater hineinzufahren und fürchtete die unter Wasser verborgenen Untiefen, gleichzeitig aber machten mich die zweihundert Meter hoch aufragenden Kraterwände neugierig. Ganz behutsam tastete ich mich schließlich mit Motorkraft zwischen den Felsklippen weiter und verharrte mitten in dem wie eine Kathedrale wirkenden, in dämmriges Licht getauchten Innenraum des Kraters. Beim Blick nach oben entdeckte ich riesige Schwärme von Möwen, die weit oben am Kraterrand klein wie Mücken gegen den hellen Himmel sichtbar waren. Überall in den Felsnischen im Innenraum nisteten Tausende von Möwen und erzeugten ein unheimlich widerhallendes Geschrei. Ich beobachtete die Szene andächtig und erinnerte mich dabei an den von mir oft besuchten Kölner Dom, in dem zuweilen ein Chorgesang erschallt.

Jan Mayen gehört zu Norwegen und wird für eine von zwanzig Menschen betriebene militärische Funk-und Radarstation genutzt. Die Insel darf nur mit Sondergenehmigung betreten werden. Es gibt keinen Hafen, und Versorgungsschiffe müssen in einer offenen, Wind und Seegang ausgesetzten Bucht dicht bei dem Stationsgebäude ankern. Einige Menschen beobachteten aufmerksam meine Ankermanöver, die sich wegen der hohen Dünungswellen als schwierig erwiesen. Dann verschwanden sie alle ziemlich plötzlich, und ich kämpfte mich mühsam in dem wild tanzenden Gummiboot an das Ufer, wo mich eine amtlich wirkende Person empfing und mich aufforderte, in die Amtsräume zu folgen. Etwas verschüchtert über diesen frostigen Empfang nahm ich gegenüber dem Inselkommandanten an seinem riesigen Schreibtisch Platz, beantwortete alle Fragen und zeigte meine schriftliche Besuchsgenehmigung sowie meinen Pass vor. Stirnrunzelnd wurden alle Unterlagen überprüft, dann suchte der Beamte lange nach einem Stempel und drückte schließlich den Einreisevermerk für Jan Mayen in meinen Pass. Danach war er ganz plötzlich wie umgewandelt, wurde sehr freundlich, bot mir Kaffee an und fragte nach meinen Erlebnissen. Ihm war offensichtlich gerade ein Stein vom Herzen gefallen, denn er erzählte mir, dass er schon seit Jahren diesen neuen Einreisestempel hütete, ohne dass er bis heute jemals die Gelegenheit hatte, ihn zu benutzen.

Später habe ich erfahren, dass die einsamen Stationsleute gerüchtweise von dem Besuchsplan eines deutschen Kreuzfahrtschiffs gehört hatten und sich bereits auf eine unterhaltsame Party mit den Touristen freuten. Deshalb hatten sie schon lange Ausschau gehalten und waren natürlich maßlos enttäuscht, nur einen einzigen jämmerlichen Seemann auf MESUF entdeckt zu haben.

Die Weiterfahrt von Jan Mayen nach Nordisland war mühsam. Drehende Winde, ungnädige See, Kälte und Nebel, Furcht vor Eisfeldern, die gelegentlich von Grönland angetrieben werden, und eine zunehmende Erschöpfung, die noch verstärkt wurde durch den Ausfall der Selbststeueranlage meines Schiffs. MESUF musste deshalb fast die ganze Zeit von Hand gesteuert werden. Ruhepausen waren entsprechend kurz, die Kleidung triefend nass, und dazu nagende Zweifel, ob sich diese Strapazen wirklich lohnen. Das alles war sofort vergessen, als die ersten Papageientaucher aus dem Nebel auftauchten und an MESUF vorbeiflatterten und schließlich die Küste von Island erschien. Im kleinen Fischereihafen Husavik festmachen, in den in jedem isländischen Ort vorhandenen heißen Pool steigen, alle Glieder in der wohltuenden Wärme ausstrecken, mit den ebenfalls im Wasser plantschenden Fischern plaudern. Die Welt war wieder in Ordnung und das Leben trotz aller Mühsal lebenswert.

In den Fischereihäfen an der isländischen Küste trifft man nur selten auf ein Segelboot. Der Weg nach Island ist wohl für die meisten Segler zu weit und zu stürmisch. Ich genieße es, ganz ungestört und allein an den einsamen Fjorden und den zumeist von hohen Brandungswellen und heftigen Winden gekennzeichneten Kaps vorbeizusegeln. Dabei wird man von dem Anblick der winzigen, orange gestrichenen Schutzhütten erfreut, welche sehr vereinzelt an besonders öden und gefährlichen Küstenabschnitten mit dem Fernglas auszumachen sind, und die im Falle eines Schiffsbruchs den eventuell Überlebenden Unterschlupf bieten.

In Island herrscht im Sommer häufig graues, regnerisches Wetter mit viel Wind. Dann erscheint die Küste wenig einladend. Dunkle Regenwolken hängen tief zwischen den Bergen, und Nebelbänke versperren die Sicht auf die imposanten Felsklippen am Nordkap von Island. Wenn aber doch mal die Sonne durchbricht, fühlt man sich wie in einer grandios inszenierten Theatervorstellung. Lichtbündel schießen schräg aus den Wolken und beleuchten wie Scheinwerfer strahlend grüne Wiesentäler, schwarz glänzendes Lavagestein und rostbraune Heideebenen.

Auf der weiteren Fahrt landete ich im kleinen Fischereihafen Olafsfjördur im Norden Islands. Ein Zollbeamter kam an Bord, verlangte die Schiffspapiere und meinte etwas tadelnd, dass es nun aber langsam an der Zeit wäre, dass ich mein Schiff einklariere. Ich hätte schließlich – wie man offensichtlich genau wusste – bereits vor einigen Tagen isländische Häfen angelaufen. Schuldbewusst gab ich alles zu, füllte die für große Frachtschiffe üblichen ellenlangen Listen bezüglich meiner nicht vorhandenen Crew und der eingeführten Güter aus und verneinte standhaft das Vorhandensein von Alkohol an Bord. Danach ergab sich eine nette Unterhaltung. Der Zollbeamte war früher Seemann gewesen, kannte Hamburg und natürlich die Reeperbahn, und wir beide hatten bei einer doch noch gefundenen Flasche Whiskey Spaß beim Spinnen von Seemannsgarn.

Die meisten der vor einigen Jahrzehnten an der isländischen Küste noch blühenden Fischereihäfen lebten früher vom Fischfang. Damals drängelten sich unzählige kleine Fischerboote in den Häfen. Gleich am Kai waren die Fischfabriken errichtet, wo viele Frauen, Schüler und Studenten in den Ferien die Fische verarbeiteten, mit Eis kühlten, verpackten und schließlich auf Frachtschiffe verluden. Dann aber, nach 1970, blieben ziemlich plötzlich die zuvor reichlich vorhandenen Heringsschwärme weg. Die Menschen verarmten, wanderten weg und die Orte verödeten. Hinzu kam eine heftig umstrittene Fischereipolitik, bei der jedem kleinen Fischer zwar eine für den Fischfang angemessene Quote zugeteilt wurde. Aber wenn der Fischer alt geworden war oder Geld benötigte, wurden seine Quotenrechte von großen, häufig von hochgestellten Regierungsvertretern kontrollierten Fischereiunternehmen aufgekauft. Diese rüsteten moderne, sehr effektive Fischfangschiffe aus, welche mit einer relativ kleinen Mannschaft die Fischgründe rücksichtslos ausbeuteten. Die direkt auf dem Schiff auf hoher See verarbeiteten Fische wurden ins Ausland geliefert, und die kleinen Fischerhäfen in Island gingen leer aus.

Diese unglückliche Entwicklung habe ich in ähnlicher Weise auch in nordnorwegischen kleinen Küstenorten und in Neufundland beobachtet. Bei den Menschen wächst dabei Verbitterung und ein Gefühl von Ohnmacht gegenüber den vermeintlich zum Besten der Allgemeinheit agierenden Machthabern. Mit den betroffenen arbeitslosen Fischern führte ich viele Diskussionen, und wir haben gemeinsam überlegt, wie ein verantwortungsvolleres Handeln erzwungen werden könnte.

Im kleinen Hafen von Seydisfjördur, dem wichtigsten Ort an der Ostküste Islands, hauste ich nach meiner Pensionierung ein ganzes Jahr auf MESUF. Ich segelte in den angrenzenden Fjorden herum, unternahm im Sommer weite Wanderungen durch die einsame Bergwelt, und im Herbst habe ich tagelang geholfen, die in den Bergen verstreuten halbwilden Schafe zusammen zu treiben. Im Winter heuerte ich auf dem kleinen Fischtrawler „Gullberg" an und holte mit den isländischen Fischern viele Hundert Tonnen Dorsch, Heilbutt, Rotbarsch, Steinbeißer und auch einige Haifische mit riesigen Schleppnetzen an Bord. Viele Tage brachte ich in der kleinen Stadtbibliothek zu und vertiefte mich in die alten Sagen und Darstellungen der Geschichte Islands.

Zu der Bibliothekarin Solveig entwickelte ich nach einigen Monaten ein recht freundschaftliches Verhältnis. Sie ist mit einem isländischen Fischer verheiratet und hat drei Kinder, welche alle in Reykjavik arbeiten. Später habe ich erfahren, dass zwei der Kinder mit ihren Familien nach dem wirtschaftlichen Zusammenbruch Islands 2010 nach Norwegen ausgewandert seien. Davor hatte unter den jungen Geschäftsleuten ein raffgieriger Optimismus geherrscht. Ein junger isländischer Banker lästerte mir gegenüber fast ein bisschen mitleidig über das zögerliche Verhalten europäischer und insbesondere deutscher Geldanleger. Seine Strategie, so verkündete er stolz, habe er noch von seinen Vorfahren, den alten Wikingern, übernommen. Und diese Strategie bedeutet: überraschend auftauchen, zuschlagen, alles Wertvolle zusammenraffen und danach wieder verschwinden. Damals im Jahre 2007 schien seine Rechnung aufzugehen, aber leider sind die ruhmreichen Zeiten der Wikinger wohl vorbei. Viele Alte und insbesondere die in den kleinen Orten lebenden Isländer habe die rasante Entwicklung ihres Landes schon vor dem Zusammenbruch missbilligt, allerdings auch fast schon resignierend eingesehen, dass sich gegen das maßlose Treiben in dem ausufernden Reykjavik nichts ausrichten lässt.

Der weitaus größte Teil der isländischen Bevölkerung lebt in oder in der Nähe von Reykjavik. Dort habe ich wie in allen großen Städten in der Welt am Stadtrand sich weit erstreckende öde Wohnblocks, mehrspurige, von dichtem Verkehr dröhnende Autostraßen und glitzernde vielgeschossige Ungetüme der Banken aus Stahl und Glas kennengelernt. Die Innenstadt ist dicht bevölkert von Cafés, Restaurants, schicken Läden und natürlich von überall herumwimmelnden Touristen.

Beim genaueren Hinsehen in der Nähe des Busbahnhofs oder in stillen Seitenstraßen entdeckt man von Rauschgift und Alkohol gezeichnete junge Leute, die bettelnd und frierend herumstehen, heimlos, verloren, von der Sozialbehörde notdürftig versorgt und anscheinend von dem geschäftigen Treiben drumherum nicht bemerkt. Es ist das bekannte Phänomen in den großstädtisch geprägten und durchaus wohlhabenden Gesellschaften in aller Welt, dass ein geringer Prozentsatz vor allem junger Menschen aus der glitzernden Kulisse störend herausfällt. Anscheinend lässt sich dies auch nicht durch verständnisvolle und liebevoll gemeinte Maßnahmen der Sozialeinrichtungen verhindern.

Eine vielleicht nicht so liebevolle, eher rigorose, aber wirkungsvolle Methode zur Bekämpfung unvernünftigen Alkoholkonsums hat mir die Gesundheitschefin der Färöer in Torshavn erläutert. Straffällig gewordene Säufer werden von ihr einbestellt und ultimativ aufgefordert, in ihrer Anwesenheit sofort die „Medizin" Antabus einzunehmen. Dieses Mittel bewirkt im Körper, dass beim nächsten Alkoholkonsum ein grässliches Unwohlsein mit möglicher Todesfolge eintritt. Im Falle der Weigerung muss der Delinquent im Gefängnis seine Strafe absitzen. Mir wurde berichtet, dass man in Torshavn wegen dieser Behandlungsmethode eigentlich überhaupt kein Gefängnis benötigt.

Das Sozialverhalten von Seevögeln lässt sich in Reykjavik beobachten. Auf den Felsinseln in den umliegenden Meeresbuchten leben und brüten unzählige Möwen, eifrig fischend, ständig laut krakeelend und mit ihren Nachbarn streitend, aber alle irgendwie doch verträglich in ihrer Brutkolonie versammelt und sich eifrig um ihre eigenen Jungen kümmernd. Mitten in Reykjavik am Rathaus liegt ein kleiner Stadtteich, an dessen Rand junge Mütter mit ihren Kinderwagen, alte Leute und Touristen den gelegentlichen Sonnenschein genießen. Auf dem Wasser tummeln sich zahlreiche Möwen, verschiedene Enten und andere Wasservögel. Alle scheinen ruhig und gelassen zu sein. Allerdings ist es merkwürdig, dass sich keiner der Vögel ernsthaft um seinen Nahrungserwerb zu kümmern scheint, so wie das ihre Kollegen auf den Felsinseln tun.

Dann erscheint eine alte Dame auf der Bildfläche mit einer großen Papiertüte gefüllt mit Brotresten. Wie auf Kommando stürzen flügelschlagend, laut kreischend und schnatternd alle vorher so ruhigen Seevögel an das Ufer und schnappen, schlingen und kämpfen in einem rücksichtslosen Gedränge um die in das Wasser geworfenen Brotscheiben, die für die Vögel vermutlich ziemlich ungesund sind. Schließlich ist die Fütterung vorbei, die Seevögel ziehen sich wieder zurück und warten auf die nächste Tüte.

Zurück bleibt ein totes Entenküken, welches unbeachtet zwischen schlammigen Steinen am Ufer herumtreibt. Die dazugehörige Entenmutter hat das gar nicht bemerkt, sie putzt ihr Gefieder und hält gierig Ausschau nach dem nächsten Futter. Es scheint, dass nicht jede gut gemeinte und liebevolle Hilfsaktion angebracht ist und den Bedürftigen, wie hier dem jungen Entlein, sogar den Untergang bescheren kann.

Statt in dem großen und industriell geprägten Hafen von Reykjavik, verbunden mit Anonymität, machte ich mit MESUF lieber in kleinen engen Häfen mit nur einer alten baufälligen Pier an der Seite eines verrosteten Fischtrawlers fest. Dort kommt man leicht ins Gespräch, die Seeleute erzählen von ihrer Familie und den arbeitsreichen und ärmlichen Verhältnissen in ihrer Jugend, als sie, wie das früher wohl häufiger der Fall war, als Ziehkinder in fremden Familien aufwuchsen und wie von dem berühmten Dichter Halldór Laxness beschrieben den ganzen Tag hart arbeiten mussten.

Ein alter Mann aus Seydisfjördur erzählte mir, wie sein Vater mit vier Kindern vom anderen Ufer des Fjordes bei ruhigem Wetter in einem Kahn Heu herüberschaffte. Er selbst durfte wegen einer Knieverletzung nicht mitkommen und war darüber untröstlich. Dann kam der mit einem großen Haufen Heu beladene Kahn zurück und sank kurz vor dem Ufer ganz plötzlich in die Tiefe, niemand konnte damals schwimmen und alle ertranken. Durch den undichten Boden des alten Holzkahns war unbemerkt Seewasser eingedrungen und von dem zuvor trockenen Heu begierig aufgesaugt worden.

Die Unterhaltung mit Isländern ist manchmal aus sprachlichen Gründen schwierig. Isländisch ist eine äußerst kunstvolle, grammatikalisch komplizierte und seit tausend Jahren unverändert gebliebene Sprache der alten Wikinger. Darauf sind die Isländer sehr stolz, und sie bekämpfen alle neumodischen Wörter, welche sich in ihre Sprache einschleichen wollen. Eine extra dafür eingesetzte Regierungskommission ersinnt für moderne technische Begriffe geeignete isländische Wortschöpfungen. Isländisch wird von den Skandinaviern heutzutage nicht mehr verstanden. Fast alle alten Isländer – meine bevorzugten Gesprächspartner – sprechen und verstehen nur Isländisch. Mit einigen Fischern, die auf norwegischen Fischerbooten gearbeitet hatten, konnte ich mich allerdings ganz gut auf Norwegisch unterhalten. Alle jungen Isländer sprechen Englisch, einige wenige sogar Deutsch. Isländische Texte lassen sich, wenn man die modernen skandinavischen Sprachen beherrscht, gut entziffern.

Viele Isländer sind, was für einen Außenstehenden nicht leicht erkennbar ist, noch tief verwurzelt in ihren alten Götter- und Heldensagen. Die Bibliothekarin Solveig ist, wie sie mir etwas verlegen erzählte, fest von dem segensreichen Wirken von Geistern und Elfen überzeugt. Nachts würden diese gelegentlich durch die Wand ihres Schlafraumes an das Bett treten und mit ihr Zwiesprache halten. Auch ihr alter Vater, ein unermüdlich hart arbeitender Fischer, lebt im Norden Islands bei Raufarhöfn mit geisterhaften grünen Wesen zusammen, die ihm manchmal helfen, seine Island-Pferde durch die Lavalandschaft zu neuen Weidegründen zu führen.

Der christliche Glaube ist in der isländischen Seele nicht verankert. Im Gegenteil, es scheint auch heute noch eine widerspenstige Abneigung gegenüber der christlichen Kirche zu bestehen, welche den Isländern vor neunhundert Jahren unter Anordnung eines vernichtenden Krieges aufgezwungen wurde. Die seltenen Gottesdienste in den kleinen Holzkirchen werden nur spärlich besucht, und die Pfarrer genießen kein hohes Ansehen. Andererseits gibt es in der Regierung in Reykjavik einen offiziellen Elfenbeauftragten, der bei allen neuen Straßenbauten prüft, ob die geplante Streckenführung nicht möglicherweise einen geheiligten Elfenwohnhügel beschädigt. In solchen Fällen werden die Straßen behutsam um den Hügel herumgeführt.

Für dieses den Naturkräften gegenüber achtungs- und respektvolle Verhalten habe ich Verständnis. Bei meinen Wanderungen durch die isländischen windigen Lavawüsten, beim Übersteigen eines in Nebel gehüllten Gebirges, bei einem Zeltaufenthalt am Fuße eines donnernden Wasserfalls oder beim nächtlichen Segeln im Sturm auf dem Meer scheint mir der von den Wikingern oder auch heutigen Isländern gegenüber den germanischen Naturgöttern entgegengebrachte Respekt nachvollziehbar zu sein. In der isländischen wilden Natur wirkt die Vorstellung der in der Bibel beschriebenen Gestalt eines sanftmütigen Jesus beim Durchschreiten von heißen Wüstenlandschaften fehlplatziert. Auch die christlichen Gebote einer allumfassenden Menschenliebe haben im rauen Alltag isländischen Lebens, das geprägt ist durch die nordische Natur, Schwierigkeiten, sich gegenüber den in alten Heldensagen gepriesenen Kampftugenden durchzusetzen. Auf meine Frage an eine alte Isländerin, ob sie in persönlicher Not zu Gott beten würde, lächelte sie etwas zurückhaltend und meinte, sie verließe sich lieber auf die Naturgötter und helfe sich im Übrigen selbst.

Ganz andere Eindrücke habe ich gewonnen, als ich in einer kleinen Moschee an einem muslimischen Gottesdienst im Sinai als Beobachter im Hintergrund teilnahm.

Damals war ich Gründungspräsident einer neu gegründeten Hochschule nahe Kairo. Die große Schar der auf dem Boden kauernden gläubigen Männer, die Gruppe der verschleierten Frauen entfernt von den Männern im oberen Stockwerk der Moschee, der wie ein Prophet wirkende, seine Botschaft verkündende Imam, dazu draußen vor der Moschee ein heißer Wüstenhauch und einige Palmen-Gewächse im trockenen Sand, das alles fügte sich harmonisch ein in die bunten Beschreibungen aus dem Koran oder auch aus der alttestamentarischen Bibel. Isländer, so scheint mir, würden niemals freiwillig im Staub auf ihren Knien rutschen und zu einem allmächtigen Gott beten. Ihre Frauen aber werden hoch geachtet, und sie sind die eigentlichen Chefs in der Familie.

Die Familie und ihr Zusammenhalt spielt in Island eine große Rolle. Zumindest in den ländlichen Gegenden sind Familien mit drei bis vier Kindern mit recht jungen Müttern normal. Alleinerziehende Mütter und Abtreibungen gibt es wohl kaum und würden auch nicht gebilligt werden. Dies nicht aus religiösen Gründen, sondern wegen der Einstellung, dass die Bedeutung eines Menschen nicht so sehr aus seiner persönlichen Fähigkeit, akademischen Titeln, erfolgreicher Karriere oder der Menge des verdienten Geldes erwächst, sondern aus der Kraft und der Bedeutung seiner Familie, seiner Sippe. Mir wurde in Island mehrfach eine Frage gestellt, die in meinen Ohren so ähnlich klang wie: „Querna manna ertu?" Das heißt wohl in etwa: „Wer ist deine Sippe? Wie viele Gefolgsleute hast du hinter dir?" Mein Beruf schien sie weniger zu interessieren. Diese Betonung der Sippe war in der alten Wikingerzeit natürlich ausschlaggebend für den Respekt und die Vorsicht, die man dem Fremden entgegenzubringen hatte. Ich konnte die Frage durch das Vorzeigen der Bilder meiner Kinder und vielen Enkelkinder befriedigend beantworten.

Die Sagen über die Heldentaten der alten Wikinger auf ihren kühnen Fahrten über die Nordmeere von Norwegen über Island bis nach Grönland und schließlich sogar bis Labrador und den heutigen USA hatten mich schon lange fasziniert und zur Motivation meiner Seefahrten beigetragen. Ich umsegelte mit MESUF ganz Island, genoss ein letztes Mal Ruhe und Geborgenheit in Isafjördur an der nordwestlichen Ecke von Island, beschaffte mir ein wenig Proviant, überprüfte meine vielen Seekarten und bereitete erwartungsvoll und auch etwas furchtsam die Verfolgung des wagemutigen Isländers Eirik vor.

Eirik der Rote muss wohl ein ziemlich ruppiger Haudegen und tüchtiger Seefahrer gewesen sein. Er und sein Vater Thorvald waren in Norwegen in Jaerderen aufgrund einer blutigen Fehde und ihres aufrührerischen Betragens als vogelfrei erklärt. Er floh nach Nordisland nach Hornstrand und machte sich auch dort nach einem damals wohl häufig praktizierten Totschlag ziemlich unbeliebt. Nachdem er sich, umgeben von seinen Kampfgenossen, eine Zeit lang in einer primitiven Erdhütte in der Nähe von Reykjavik versteckt hatte, beschloss er, mit seinem Leben noch etwas Vernünftiges anzufangen und segelte mit seinem Wikingerschiff gen Westen, um neue Länder zu entdecken.

Im Jahr 982 gelangte Eirik zu dem 600 Kilometer entfernten Grönland. Er umrundete das auch heute wegen der vielen Eisberge und heftigen Stürme gefürchtete Kap Farewell und siedelte an der Westküste von Grönland. Das wurde ihm wohl nach ein paar Jahren zu langweilig. Er kehrte nach Island zurück und prahlte dort mit den wunderbaren fetten Weidegründen in dem neuen Land, das er, um es für seine Landsleute möglichst attraktiv erscheinen zu lassen, Grönland nannte. Er schaffte es im Jahre 985 tatsächlich, eine Flotte von fünfundzwanzig Wikingerschiffen mit einigen Hunderten auswanderungswilligen Gleichgesinnten zusammenzustellen, die ihre Höfe in Island verkauften, um in Grönland zu siedeln. Lediglich vierzehn der Schiffe erreichten tatsächlich Grönland und begründeten die Wikinger-Siedlungen im heutigen Julianehaab und im weiter nördlich gelegenen Godthaap. Die anderen erlitten bei der Überfahrt vermutlich aufgrund eines Seebebens Schiffbruch und verschwanden im eisigen Meer.

Eirik begründete im Brattahlid im Südwesten Grönlands einen mächtigen Familienclan, in dem die Idee fortlebte, weiter west- wärts neue Länder zu entdecken. Schließlich fasste Leiv Eirikson den Entschluss, mit fünfunddreißig Männern auf seinem gut aus- gerüsteten Schiff von Brattahlid aufzubrechen, um das von Bjarni zuvor während einer nebeligen und stürmischen Irrfahrt gerüchte- weise gesichtete Land im Westen zu finden. Leiv erreichte im Jahre 1003, etwa fünfhundert Jahre vor Christoph Columbus, tatsächlich Amerika und gründete eine kleine Siedlung in dem sagenumwobe- nen Vinland, dem Land, wo angeblich Wein und Honig fließen und dessen genaue Lage auch heute noch umstritten ist. Einige Archäo- logen, vor allem der Norweger Helge Ingstad, wollen es nördlich von Neufundland in Kanada, andere viel weiter im Süden in der Nähe von New York verorten.

Schließlich machte ich mich mit allen verfügbaren Dokumenten an Bord, vor allem der Eirik-Saga, Grönland-Saga, Vinland-Saga und dem berühmten isländischen Landnamaboka mit MESUF fast tausend Jahre nach Leiv auf den Weg. Genau zu dieser Zeit wurde in Europa mit großem Enthusiasmus die fünfhundert Jahre zurück- liegende Entdeckungsreise des Columbus nach Amerika gefeiert.

Gleich nach meinem Aufbruch von Isafjördur wurde ich in der Dänemarkstraße, dem von Treibeis, Nebel und Stürmen heimge- suchten Seegebiet zwischen Island und Grönland, kräftig durchge- schüttelt und mit Eiswasser gewaschen. Hier transportiert der mäch- tige Irmingerstrom kalte polare Wassermassen aus dem Polbecken nach Südgrönland, begleitet von kräftigen Winden aus Nordost. Viele Tage und schon dunkler werdende Nächte verbrachte ich am Steuer, nur mit einer kleinen Sturmfock als Segel und beobachtete misstrauisch die sich hinter mir immer höher auftürmenden Wel- lenberge. Ob MESUF das Schicksal der vielen hier in diesem Seegebiet vor tausend Jahren verschwundenen Wikingerschiffe teilen würde?

Mich tröstete der Gedanke an die vierzehn erfolgreichen Segler unter der Führung von Eirik, und ich freute mich an der durch starken Wind und Meeresströmung beförderten schnellen Fahrt. Kap Farewell, die Südspitze Grönlands, wurde eine Enttäuschung. Eiskalter prasselnder Dauerregen, vereinzelt herumdriftende Eisfelder und eine miserable Sicht verdarben meine Laune. Erschöpft, nass und durchgefroren kroch ich unter Deck in meinen Schlafsack und überließ MESUF sich selbst.

Aus tiefem Schlaf schreckte mich eine innere Stimme auf: „Los, du musst raus, aber sofort!" Mühsam krabbelte ich schlaftrunken an Deck und erstarrte vor Schreck: ein riesiger Eisberg, graublau schimmernd, von hohen Brandungswellen umspült, lag in der Dämmerung genau auf unserem Kurs. In den Sommermonaten brechen gewaltige Eisberge von den Gletschern Grönlands ab, driften monatelang gemächlich gen Süden und stranden an der kanadischen Küste oder schon vorher auf der fünfzig Meter unter der Meeresoberfläche liegenden Neufundlandbank.

Ich wollte mein Schicksal nicht weiter herausfordern, zumal überall in meiner Umgebung kleine Eisberge sichtbar wurden, gab die geplante Landung in Brattahlid für einen Besuch bei dem alten Eirik dem Roten auf und folgte den Spuren seines Sohnes Leiv nach Vinland. Zwischen gewaltigen wie prächtige Schlösser oder Ozeandampfer geformten Eiskolossen, auf denen unzählige Möwen rasteten und die gelegentlich von Walen umspielt wurden, steuerte ich mein neben den alles überragenden Eisbergen winziges Schiffchen weiter längs der Küste von Labrador, zumeist total übermüdet und halb erfroren.

In Gedanken weilte ich bei den unerschrockenen Wikingern, mit denen ich in der nächtlichen Einsamkeit regelrecht Gespräche führte. Ein einsamer Mensch in dieser Situation im Anblick der Naturgewalten, ohne menschlichen Zuspruch, ohne Sicherheitsnetz, losgelöst von allen Vorteilen der Zivilisation reagiert manchmal etwas sonderbar, für normale Menschen kaum nachvollziehbar. So habe ich mich regelmäßig mit den eingebildeten Wikingern, mit dem alten Vater Eirik und seinem Sohn, dem Vinland-Entdecker Leiv, sowie mit seiner Schwester Freydis, einer selbstbewussten und tatkräftigen Dame, lebhaft unterhalten und auch gestritten. Ich habe mich bei solchen Gelegenheiten besonders nachts vor meiner eigenen lauten Stimme erschreckt und dazu auch noch den Eindruck gewonnen, dass mein Schiff ohne mein Zutun von einem wohlmeinenden Steuermann sicher durch alle Gefahren gelenkt wurde.

Wie nach einem langen wirren Traum erreichte ich schließlich fast vier Wochen nach meiner Abfahrt von Island Neufundland und manövrierte MESUF in tiefer Dunkelheit in den durch kleine Eisberge nahezu blockierten Hafen von St. John. Am nächsten Morgen weckten mich die Rufe einer jungen Frau auf dem Kai, die mich in deutscher Sprache herzlich begrüßte. Regina ist eine Ärztin, deren Familie vor fünfzehn Jahren von Deutschland nach Kanada ausgewandert war, und die vielleicht beim Anblick der deutschen Flagge an MESUF Sehnsucht nach ihrer alten Heimat verspürte. Wir wurden schnell gute Freunde, ich wurde in ihr Haus eingeladen und verbrachte vergnügliche Tage zusammen mit ihrem Mann, einem handfesten Kanadier, der mir in seinem Geländewagen die Schönheit seines Landes zeigte. Inzwischen haben sie vier Kinder, und wir schreiben uns noch immer regelmäßig.

Mein Urlaub war zu Ende. Nachdem MESUF mit Hilfe meiner kanadischen Freunde in einem winzigen Hafen sicher untergebracht war, nahm ich einen Flieger nach Norwegen und setzte meine Vorlesungen und Forschungsarbeiten in Tromsø fort.

Erst im nächsten Sommer 1992 konnte ich die Segelreise gen Süden, immer hinter dem Wikinger Leiv her, längs der Ostküste von Kanada bis nach New York in den USA fortsetzen.

Bald nach meiner Abfahrt von St. John zwang mich ein heftiger Sturm an der von gefährlichen Felsriffen und Untiefen gespickten Küste, hinter einer einsamen Inselkette Schutz zu suchen. Ich verließ MESUF an einem sicheren Ankerplatz und streifte durch die unberührten Wälder mit amerikanischen Hirschen, Eichhörnchen und seltsamen Vögeln. Zufällig entdeckte ich auf einer idyllischen einsamen Waldwiese den Aufmarsch von zwei feindlichen Ameisenheeren. Die Ameisen ähnelten den in deutschen Wäldern vorkommenden roten Waldameisen. Die Gegner schienen gleich stark und zum Verwechseln ähnlich zu sein.

Viele Tausende Ameisen stürzten sich in den gegenseitigen Kampf, verbissen sich wie rasend in die Gegner, rissen Beine und Köpfe unglaublich brutal ab und stürmten immer wieder in nicht endenwollenden Angriffswellen aufeinander los. Verwundert beobachtete ich das Kampfgetümmel, welches aus meiner Sicht, von oben betrachtet, wie aus einem Kriegsfilm über von Menschen geführte grausame Schlachten wirkte. Auf dem Waldboden kniend filmte ich einzelne Kampfszenen, zum Beispiel, wenn drei bis vier Ameisen über einen einzelnen Gegner herfielen und diesen gewaltsam festhielten, während ihm die Beine ausgerissen wurden. Die angegriffene Ameise sperrte ihre Kieferzangen weit auf, und ich vermeinte fast, ihr schmerzerfülltes Schreien zu hören.

Zwei Tage und Nächte tobte der Kampf ohne Unterbrechung, und zum Schluss schleppten sich nur noch vereinzelte, schwer verletzte Ameisen mit fehlenden Gliedmaßen über das Schlachtfeld, welches übersät war mit Leichenteilen. Erschüttert über diesen in meinen Augen völlig sinnlosen Ameisenkrieg untersuchte ich das weite Umfeld des Kampfplatzes. Überall erstreckte sich eine unberührte Waldlandschaft, keine weiteren Ameisen waren zu entdekken, und es schien wirklich Platz für alle zu geben.

Die an das kriegerische Verhalten zwischen Menschen gemahnenden Szenen haben sich mir tief eingeprägt. Was mögen die Motive für derartige Exzesse sein, wie kommt es in diesem Fall zu den beobachteten verblüffend ähnlichen Verhaltensweisen zwischen Menschen und Ameisen? Ich vermute, dass diese von der Evolution gewollte Taktik zum Herausfinden der überlegenen, stärkeren Rasse dienen könnte. Grübelnd warf ich einen letzten Blick auf den „Soldatenfriedhof" der toten Ameisenvölker und stapfte durch den Wald zurück zu der vor Anker wartenden MESUF. Dabei steigt in mir die Erinnerung hoch an die jahrelangen Beobachtungen an meinen Bienenständen, welche ich als Student vor vielen Jahren zur Gewinnung von Honig in einem Garten in der Nähe von Bonn aufgestellt hatte.

Ein Bienenvolk setzt sich aus bis zu dreißigtausend einzelnen Honigbienen zusammen, welche sich nach fest vorgegebenen Regeln verhalten, die man durch geduldiges Beobachten herausfinden kann. Das wilde Gesumme vor einem Bienenstock, das Gedrängel der Bienen an dem Einflugsloch und die gelegentlich ganz überraschend erfolgenden Angriffe einzelner Bienen, die sich hysterisch summend im Haar des Beobachters festkrallen, das alles wirkt ziemlich chaotisch und auf den ersten Blick unverständlich. Wenn man sich die Zeit nimmt – nicht nur einmal, sondern immer wieder, jahrelang – und sich ganz still ein Pfeifchen schmauchend etwas abseits vor den Bienenstand setzt, um die herbeieilenden emsigen Honigträger in der Anflugschneise vor dem Einflugsloch nicht zu behindern, dann erkennt man nach und nach bestimmte Verhaltensmuster.

Auf dem Landebrett vor dem Eingang zum Bienenstock patrouillieren drei bis fünf Wächter mit emsigen kleinen Schritten und kontrollieren jede vor dem Flugloch mit ihrer Honig- oder auch Pollenlast landende Biene, bevor sie eingelassen wird, eilig im Innern verschwindet und ihre Last in den Honig- oder Pollenzellen ablädt. Die Eingangskontrolle erfolgt durch eine kaum wahrnehmbare flüchtige Berührung mittels der Tastfühler und durch die damit verbundene Wahrnehmung des für dieses Bienenvolk charakteristischen Duftes. Wehe, wenn eine fremde Biene oder gar eine Wespe in räuberischer Absicht versucht, in das Flugloch einzudringen! Sofort stürzt sich ein Wächter, unterstützt von weiteren Türstehern, auf den Eindringling. Dieser wird hin- und hergezerrt, und die Soldaten versuchen, ihn mit dem Giftstachel zu töten. Zumeist geht das Gerangel damit aus, dass der Feind flieht oder dass die Kämpfer ineinander verkrallt von dem Landebrett hinabrollen.

Für den beobachtenden Imker bedeutet es ein wichtiges Warnsignal, wenn derartige Kämpfe ausbleiben und Eindringlinge unangefochten im Flugloch verschwinden. Dann ist die Widerstandskraft des Volkes offensichtlich so geschwächt, dass eine effektive Abwehr von Fremden oder Feinden nicht mehr gewährleistet ist, das Volk ist kränklich und in seiner gesunden Verhaltensweise gestört.

Die Wachsoldaten sind noch sehr junge, flugunerfahrene Bienen, erkennbar an der seidig glänzenden, unversehrten Behaarung. Nach einigen Tagen Wachdienst sammeln die jungen Bienen Flugerfahrung auf kurzen systematischen Erkundungsflügen in der Nähe ihres Stocks. Dazu tanzen sie im Schwebflug stundenlang gemeinsam mit vielen anderen jungen Bienen aus ihrem Volk vor dem Bienenstock mit dem Kopf zum Flugloch gerichtet. Dabei prägen sie sich optisch die Umgebung und vor allem den Weg zu ihrem Flugloch ein. Ihr Orientierungssinn wird ähnlich wie in einem Computer fest programmiert. Wenn man als Imker den Bienenkasten nur einen Meter seitlich verschiebt, kommt es zur heillosen Verwirrung bei den anfliegenden Honigbienen und wütenden Kämpfen mit den

Bienen der Nachbarvölker. Die vorgefundene Realität stimmt nicht mit der eingeprägten Landkarte überein, und die Bienen finden nicht mehr ihren Eingang.

Die Honigträger erkennt der Beobachter an ihrem abgeschabten schon etwas zerschlissenen Körper, die nach Abladung ihrer Last in den Honigwaben im Inneren des Stocks rasch wieder zum Flugloch drängen und danach pfeilschnell in der Flugschneise den Stock verlassen und zielbewusst zu den Blumenfeldern mit lockenden Honigquellen fliegen. Die Bienen werden im Sommer nur wenige Wochen alt und sterben schließlich ermattet von der schweren Arbeit auf ihrem letzten Ausflug zu den Honig spendenden Blüten.

Im Frühsommer, bei reichlichem Angebot an Honig und Pollen, bereiten sich die Bienenvölker nach dem kalten und verlustreichen Winter zum Schwärmen und damit zur Teilung der erstarkten Völker vor. Das wird erkennbar an dem vereinzelten Auftauchen der großen plumpen Drohnen, die sich unbekümmert auf dem Landebrett herumtreiben und unbehelligt von den Wächtern in die Fluglöcher eindringen. Die Drohnen entwickeln sich aus normalen allerdings nicht durch Spermien befruchteten Bieneneiern und sind männlichen Geschlechts. Sie naschen von dem im Stock gelagerten Honig und fliegen ziellos in der Umgebung der Bienenstände herum, in der Hoffnung auf eine junge, noch nicht begattete Bienenkönigin zu treffen. Diese sind ebenso wie die kleineren Arbeitsbienen weiblich, aber durch besonders reichliche und eiweißhaltige Nahrung während ihrer Entwicklung von einem winzigen befruchteten Ei über die in einer großen Zelle herangereiften Puppe bis zu einer auffällig großen Biene mit einem langen Hinterleib herangewachsen.

Die jungfräuliche Königin trifft – wo das passiert, ist noch unbekannt – auf eine oder auch nacheinander mehrere Drohnen. Sie wird begattet, verwahrt den Vorrat an Spermien während ihres gesamten zwei bis drei Jahre langen Lebens in einem Vorratsbehälter in ihrem

Leib und kehrt in ihren Bienenstock zurück. Beim Legen ihrer Eier während ihres Lebens im Bienenstock wird jedes Mal nur ein einziges Sperma zur Befruchtung des Eis aus dem Vorrat entlassen. Die alte Königin verlässt vor dem Eintreffen der Nachfolgerin zusammen mit einem Teil des Volkes den Bienenstock als Schwarm. Die junge Königin stürmt durch die engen Gassen zwischen den Waben und tötet alle eventuell noch in den Zellen wartenden Reserveköniginnen, ein dramatischer Vorgang, der an historisch überlieferte Auseinandersetzungen zwischen menschlichen Königinnen erinnert.

In den turbulenten Schwarmzeiten habe ich abends, wenn das laute Bienensummen abgeklungen ist, des Öfteren ein merkwürdiges feines Tuten unterschiedlicher Tonlagen aus den schwarmbereiten Bienenstöcken gehört. Diese Töne werden von den miteinander konkurrierenden jungen und noch nicht begatteten Königinnen hervorgerufen, die in ihren engen Zellen, von Arbeitsbienen bewacht, noch aushalten müssen und darauf warten, dass die alte Königin mit ihrem Schwarm endlich das Feld räumt. Vermutlich dienen die von mir wahrgenommenen Töne auch zur Kommunikation zwischen der alten und den jungen Königinnen.

Der Schwarmvorgang ist ein eindrucksvolles Schauspiel. Die Bienen sind bereits Stunden vorher an einem warm-schwülen Tag sehr unruhig. Sie fliegen ziellos vor dem Bienenstock herum und scheinen auf das Ereignis zu warten. Dann ganz plötzlich quillt wie ein Wasserfall ein Strom von vielen Tausend alten Flugbienen aus dem Flugloch und schwärmt laut summend in einer großen Bienenwolke umher. Im Stock zurück bleibt ein stark verkleinertes Volk von zumeist nur Jungbienen. Schließlich sammelt sich der Schwarm um die alte Königin nach vielen Minuten als große Bienentraube an einem Baumast oder im Gebüsch nahe zum alten Bienenstock und bleibt dort ein bis drei Tage ruhig und dicht zusammengedrängt hängen. Währenddessen werden einzelne Kundschafter ausgesandt, um eine geeignete Bleibe für die Gründung eines neuen Bienenstocks zu finden.

Nun läuft ein sehr interessanter an menschliche Gesellschaften erinnernder Prozess ab. Die Kundschafterbienen streifen durch die viele Kilometer entfernte Umgebung und suchen und begutachten potenzielle Unterkünfte für ihr Volk. Das kann eine alte leere Kiste im Gebüsch, ein hohler Baumstamm oder auch eine verwinkelte Ecke auf dem Dachboden eines Hauses sein. Die Kundschafter kehren zum wartenden Schwarm zurück, und jeder einzelne berichtet mehr oder weniger begeistert und überzeugt von seinem Fund. Die Berichterstattung erfolgt mittels der durch viele geduldige Beobachtungen des Zoologen Karl von Frisch entschlüsselten sogenannten Schwänzeltänzen. Dabei bewegen sich die Bienen nach einem bestimmten Muster in verschiedenen Figuren, aus denen sich die Richtung und der Abstand zu dem Zielort entnehmen lassen. Das ist die gleiche Kommunikationsweise, mit der die Flugbienen ihren Volksgenossen im Bienenstock den Fund einer besonders ergiebigen Honigquelle mitteilen. Je engagierter und dynamischer der Kundschafter seinen Vorschlag vorträgt, umso stärker werden die zunächst nur dem Schwänzeltanz zusehenden Schwarmbienen von der Begeisterung angesteckt, und sie beteiligen sich schließlich an dem mehr und mehr Bienen mitreißenden Tanz.

Es kommen allerdings im Laufe der Wartetage mehrere unterschiedliche Kundschafter zurück, von denen jeder einzelne versucht, das Volk von seinem Vorschlag zu überzeugen. Damit sich nun im Bienenschwarm durch ein endloses und ergebnisloses Palavern zwischen den miteinander konkurrierenden Gruppen keine lähmende Unschlüssigkeit ausbreitet, wird schließlich ein abschließendes „Basta" von wem auch immer ausgesprochen. Der Schwarm braust plötzlich auf und fliegt dicht gedrängt auf kürzestem Weg zu der ausgewählten Unterkunft.

Ein erfahrener Imker lässt es nicht dazu kommen, dass ein starker Schwarm von seinem Bienenstand auf Nimmerwiedersehen verschwindet, sondern er schüttelt die wartende Bienentraube in eine leere Kiste, die zur Abkühlung der aufgeregten Bienen in einem kühlen Keller einen Tag lang gelagert wird. Danach wird der Schwarm in einen leeren Bienenkasten geschüttet und auf dem Bienenstand neben den bereits bevölkerten Bienenstöcken aufgestellt. Dabei ist es interessant, dass die Bienen während des Schwärmens ihre alte eingeprägte Orientierung über die Umgebung vollständig vergessen haben. Jetzt an ihrem neuen Standort müssen sie sich wieder ganz neu orientieren und sich ihr neues Zuhause einprägen. Dieser Vorgang ist vergleichbar mit dem Löschen eines zuvor eingegebenen Computerprogramms.

Die Teilung starker Bienenvölker durch abgehende Schwärme ist für die biologisch gewünschte Vermehrung und Ausbreitung von Bienen notwendig. Andererseits ist das Schwärmen mit der damit verbundenen Unruhe in den Bienenvölkern und der Schwächung der nach dem Schwärmen zurückbleibenden kleinen Völker für den Imker unerwünscht, vor allem in der relativ kurzen sommerlichen Zeit mit guter Honigtracht. Deshalb vereinigt man manchmal zwei kleine Völker zu einem großen und starken Volk, was allerdings eine heikle Angelegenheit sein kann. Falls man nämlich zwei unterschiedliche Bienenvölker einfach zusammen in einen Bienenstock sperrt, kommt es aufgrund der verschiedenen Duftkennungen sofort zu mörderischen Auseinandersetzungen, ja zu einem regelrechten Krieg, der zu vielen toten Bienen führt und beide Völker nahezu vollständig vernichtet.

Um dies zu verhindern, bringt man die beiden Völker zwar in einen gemeinsamen Kasten unter, der allerdings durch ein mit Papier abgedecktes Gitter in zwei voneinander getrennte Bereiche aufgeteilt ist. Die Bienen zernagen wütend und wild summend das Papier, um das jeweils fremd riechende Volk angreifen und vertreiben zu können. Dieser Vorgang dauert allerdings etliche Stunden, und währenddessen mischen sich die zwei verschiedenen spezifischen Volksdüfte. Wenn dann endlich das Papier zernagt ist, hat sich die Angriffswut gelegt, und die Bienen vereinigen sich friedlich zu einem einzigen Volk. Man könnte diesen Vorgang als gelungene Integration verschiedener Volksgruppen zu einem friedlichen Ganzen interpretieren, bei dem sich die zuvor feindlichen Gruppen durch gemeinsame Projekte, Austauschprogramme und Diskussionen achten und kennen lernen.

Die Verhaltensweisen von Bienen und die Ausgestaltung ihrer Staaten erinnern in vielen Einzelheiten an diejenigen von Menschen und ihren Gemeinschaften. Die charakteristischen Arbeitsphasen der Bienen im Verlauf ihres Lebens sind den Fähigkeiten der Einzelbiene sowie den Bedürfnissen des Bienenstaates angepasst. Dazu gehören die Reinigung der Zellen durch die noch kindlichen, gerade geschlüpften Jungbienen, der nachfolgende Wachdienst vor dem Flugloch durch die jugendlichen rauflustigen Soldaten, das fremdenfeindliche Verhalten zu anderen Bienenvölkern, die Orientierungszeit und Berufsausbildung zur Honigträgerin, und schließlich das Leben als pflichtbewusste Arbeitsbiene, unermüdlich von Blüte zu Blüte eilend und ihre Volksgenossen von aussichtsreichen Entdeckungen unterrichtend. Dies alles und besonders auch das scheinbar kluge und demokratische Verhalten der Bienenschwärme sowie die machtbesessene Art, wie junge Königinnen die „Herrschaft" über ihr Volk übernehmen, zeigt große Ähnlichkeiten zu den Gepflogenheiten in menschlichen Gesellschaften.

Bei der Betrachtung der verblüffenden Ähnlichkeiten einerseits zwischen dem Verhalten der miteinander kämpfenden Ameisenheere und den in ihrem Staat bestens organisierten Bienenvölkern und andererseits dem der menschlichen Gemeinschaften, stellt sich mir die Frage, ob diese Ähnlichkeiten zwischen den seit vielen Millionen Jahren getrennten Entwicklungswegen folgenden Tierarten nicht auf eine gemeinsame Wurzel zurückzuführen sind. Wo ist diese zu finden? Ich vermute, dass die instinktiv gesteuerten Verhaltensweisen der Tiere, aber auch das vernünftige Handeln der Menschen tief in den Genen verankert sind und durch die Evolution zur Auswirkung gebracht werden. Die Ähnlichkeit im Verhalten der so unterschiedlichen Lebewesen wie Insekten und Menschen deutet darauf hin, dass auch die jeweilig zuständigen Gene einem gemeinsamen allem Leben zugrunde liegenden Grundmuster folgen.

Während der langen Seefahrt mit MESUF nach Süden von Neufundland längs der kanadischen Ostküste, vorbei an den verwinkelten Buchten und Inseln von Nova Scotia, den umtriebigen, von vielen Schiffen besuchten Häfen von Halifax und Boston und schließlich nach Cape Cod zum nördlichen Eingang des Long Island Sounds auf dem Wege nach New York erlebte ich den Übergang von der wilden und einsamen Natur in Kanada mit kühlen Winden, vielen Seevögeln und kalten Regenschauern, ohne andere Segelboote, hin zu einer hektisch wuselnden Zivilisation. Im Long Island Sound sind die kleinen Häfen voller weißer Segelyachten. Überall herrschen lärmender Autoverkehr und ein für mich als drückend empfundenes schwüles Klima. Die Seevögel sind weitgehend verschwunden.

Und schließlich New York, ein wahrer Hexenkessel. Tag und Nacht nicht enden wollender schriller Verkehr, unendliche Staus hupender Autos dicht neben den Wasserstraßen, auf denen sich MESUF unter den zahlreichen Brücken Manhattan, dem Herzen von New York, näherte. Von einem verwilderten Trümmergrundstück aus wurde MESUF anscheinend von einem Heckenschützen beschossen. Ich verschanzte mich unter Deck und steuerte von dort rasch aus der Gefahrenzone. Überall schwirrten kleine Hubschrauber aufgeregt knatternd herum, um eiligen Geschäftsleuten den nervenaufreibenden Autoverkehr zu ersparen. Als einsame Segelfahrten liebender Mensch ließ ich verwirrt, aber auch total fasziniert dieses unglaubliche Spektakel auf mich einwirken.

Auf meinem kleinen Segelboot, inmitten der schwindelerregenden Wolkenkratzer von Manhattan, genoss ich das Privileg, wie ein Zuschauer in der ersten Reihe eines Theaters dem Schauspiel aus nächster Nähe beiwohnen zu können, ohne selbst agieren zu müssen. MESUF wurde an der bei Seefahrern bekannten Pier 17 fest gemacht, unmittelbar neben den später tragisch berühmt gewordenen Twin Towers. Ich musste zwanzig Dollar Parkgebühr für eine halbe Stunde Liegeplatz berappen und schlenderte mit gemischten Gefühlen durch die Straßenschluchten der Bankenviertel. Als etwas verlottert aussehender Seemann fühlte ich mich fehlplatziert zwischen den in ihrer Lunchpause hektisch herumeilenden, gut gekleideten Jungbankern.

Beladen mit einer Flasche Wein, Käse, Weißbrot, frischen Krabben und Weintrauben war ich froh, wieder auf mein wartendes Schiff zu klettern. Ich plante, meine Ankunft in New York zusammen mit meinen im Geiste anwesenden Lieblingswikingern Leiv und Freydis besonders zu feiern. Möglicherweise hatte ich ja tatsächlich das Vinland der Wikinger erreicht. MESUF wurde gleich neben der amerikanischen Freiheitsstatue verankert, und ich genoss das ungewöhnlich verschwenderische Mahl an Bord meines Schiffs. Dabei blickte ich ein bisschen hochnäsig zu den vielen auf den Ausflugsdampfern vorüberziehenden Touristen, welche ihrerseits das kleine an diesem ungewöhnlichen Ort ankernde Segelschiff mit deutscher Flagge neugierig beäugten. Ich prostete meinen imaginären Wikingern zu, und wir tranken auf unseren Erfolg, mal wieder Vinland erreicht zu haben.

Es gibt verschiedene Möglichkeiten, wie Schiffe von Europa nach den USA und wieder zurück gelangen können. Die meisten Fahrtensegler wählen die sogenannte Barfußroute von Gibraltar den milden Passatwinden folgend in die Karibik. Ganz Vorsichtige lassen ihre Yacht mit einem Frachtschiff hinüber transportieren, um die paradiesischen Segelfreuden in der Karibik zu genießen, ohne die vorhergehende Schaukelei auf dem offenen Atlantik ertragen zu müssen. Die großen Frachtschiffe steuern längs des sogenannten Großkreises auf der kürzesten Verbindung über den Atlantik, zum Beispiel von New York nach England. Dieser Kurs führt entlang der kanadischen Küste, südlich an Island vorbei und endet am westlichen Ausgang des englischen Kanals.

Die Großkreisroute ist zwar die schnellste und damit eine für die Schifffahrt Kosten sparende Strecke, allerdings verbunden mit der Durchfahrt durch ungemütliche Seegebiete, geprägt durch heftige Stürme, Nebel, gewaltige Wellenhöhen, insbesondere in den Herbstmonaten, und gelegentlich auftretende Eisberge, wie sie auch der Titanic zum Verhängnis wurden. Für einen erprobten Wikinger, der es eilig hatte, zur Vorbereitung der bevorstehenden Präsidentenwahl rechtzeitig nach Hamburg zu kommen, gab es keinen Zweifel, welche Route zu wählen war. Außerdem hatte ich es mir in den Kopf gesetzt, über dem Untergangsort der Titanic eine schwarze Rose zu versenken, welche ich in New York nach langem Suchen gefunden hatte. Die nach dem Studium der Seehandbücher aufkommenden Bedenken hinsichtlich der zu erwartenden Stürme auf dem Nordatlantik kompensierte ich durch das Vertrauen zu der Seetüchtigkeit von MESUF und durch meine Erfahrungen, gewonnen auf langen Fahrten über die Nordmeere.

Mitte September 1992 setzte ich in Halifax in Kanada alle Segel und steuerte hinaus auf das offene Meer Richtung Europa. Es wurde ein sechs Wochen langer, ziemlich ruppiger Törn. Die Seehandbücher hatten mit der Vorhersage der Wellenhöhen nicht übertrieben. Allerdings sind die gewaltigen aber sanften Wellenberge auf dem tiefen Nordatlantik für einen kleinen Segler angenehmer als die steile, holprige Wellenstruktur auf der flachen Nord- und Ostsee. Je weiter ich mit der fortschreitenden Jahreszeit in den Norden des Atlantiks vorrückte, desto mächtiger wurden die Wellen.

Jeden Morgen nach einer geruhsamen Nacht im Schlafsack beobachtete ich mit ungläubigem und zunächst auch furchtsamem Erstaunen das immer höher wachsende Wellengebirge. Man kann sich das wie auf einer Bergtour im Gebirge vorstellen: nach einer langen sanften Aufwärtsbewegung hatte ich auf dem Deck von MESUF stehend einen fantastischen Ausblick über endlose weite Gebirgszüge und Berggipfel. Dann, nach einer knappen Minute, befanden wir uns in einem tiefen Tal, umgeben von drohend aufragenden Wasserwänden. Unangenehmer wurde die Situation bei Sturm; dann brachen die Wellenkämme, und in nächtlicher Dunkelheit schimmerte die weiße Gischt wie ferne Gletscherkappen. In den tiefen dunklen Wellentälern fürchtete ich, dass eine Lawine aus Wasser und Gischt mein Schiffchen unter sich begraben könnte.

Kleine Segelboote wie MESUF kommen mit den riesigen Atlantikwellen wie ein auf dem Wasser schwimmender Korken besser zurecht als die großen langen Frachtschiffe. Diese laufen Gefahr, gleichzeitig im Bug- und Heckbereich von zwei getrennten großen Wellen nach oben getragen zu werden, wobei der mittlere Schiffskörper starken Belastungen ausgesetzt wird und sogar plötzlich aufreißen kann. Jedes Jahr verschwinden einige riesige Schiffe spurlos auf den Weltmeeren, ohne dass man deren Verbleib aufklären kann.

Ein furchtbarer Knall schreckte mich aus der beruhigenden Überlegung zur Sicherheit meines kleinen Segelschiffs auf. Ein kräftiger Seitenstag zur Abstützung des Mastes war gebrochen, die losen Stahltrossen baumelten um den bebenden Mast. Jetzt galt es rasch zu handeln: den Schiffskurs sofort verändern, um den Druck aus den Segeln zu nehmen und den geschwächten Mast zu entlasten. Dann alle Segel herunterreißen, sich selbst zur Ruhe zwingen und ohne Panik überlegen, was nun zu tun ist. MESUF schlingerte fürchterlich in den hohen Wellen ohne stützende Segel. Der Ersatz des gebrochenen Stags war unausweichlich.

Ersatzmaterial hatte ich an Bord, aber wie sollte ich jetzt nachts und bei diesen Wellen hoch oben am Mast die Befestigung des Ersatzstags bewerkstelligen? „Junge, da hilft nichts, da musst du jetzt rauf, los geht's!" So ermunterte ich mich selbst und schlug dem hechelnden inneren Schweinehund energisch auf den Kopf. Ich steckte das notwendige Werkzeug in die Taschen, schaltete die Stirnlampe ein und kletterte los, diesmal sogar ausnahmsweise mit einer Sicherungsleine. Der Mast von MESUF ist sechzehn Meter hoch und hat angebaute Maststufen, welche für einen Einhandsegler eine unschätzbare Hilfe sind.

Bei der Durchführung riskanter Missionen plane ich zuvor jeden Handgriff, gehe im Geiste alle möglichen störenden Zwischenfälle durch und folge dann wie ein Roboter dem Aktionsprogramm ohne Angstgefühle, die wie eine den Einsatz störende Alarmsirene von mir ganz bewusst abgeschaltet werden. Angst wäre in der Tat hoch oben an dem wild schwingenden Mast ein schlechter Ratgeber. Jeder Griff muss sitzen, das Festhalten erfordert viel Kraft und Gelenkigkeit. Irgendwie gelingt es schließlich. Das Stag war montiert, die Segel wieder gesetzt und MESUF rauschte auf dem richtigen Kurs weiter.

Derartige etwas ungemütliche Erlebnisse werden kompensiert durch den atemberaubenden Anblick einer Schule mächtiger Wale, die ganz gemächlich, immer wieder auftauchend, lange Zeit MESUF im Kielwasser folgten. Eines nachts versetzte mich das nicht

weit vor dem Schiff weiße Aufleuchten von wie ich zunächst an-
nahm hohen Brandungswellen in Angst und Schrecken. „Das kann
doch nicht wahr sein! Hier mitten auf dem Atlantik gibt es weder Inseln noch Untiefen!" So schoss es mir durch den Kopf. Die
Brandungswelle erwies sich als eine große Gruppe von Delphinen,
welche mit übermütigen Sprüngen und in rasanter Fahrt um ME-
SUF herumsausten. Ihre Körper waren von einem fluoreszierenden
Lichtschleier umhüllt. Offensichtlich hatten die Delphine, genauso
wie ich selbst, großen Spaß an der freundschaftlichen Begegnung in
der unendlichen Weite des Ozeans.

Ich setzte mich auf das Vorschiff und streckte die Beine über die
Kante. Die Delphine gerieten in eine geradezu rasende Begeisterung, berührten springend meine nackten Füße, und die Delphin-
mütter drängten ihre begleitenden Jungen, mich genau in Augen-
schein zu nehmen. Ich war über die gezeigte warme Zuneigung
ganz beglückt und dachte an die schon öfter berichteten Begegnungen zwischen Menschen und Delphinen. Mir scheint, dass Delphine sehr an Menschen interessiert sind und diese auch ein bisschen
verstehen. Nach langen Minuten verließ ich meinen Posten auf dem
Vorschiff, und die Delphine verschwanden sofort im Dunkel der
Meerestiefe.

Ähnliche Begegnungen habe ich danach mehrfach erlebt, nicht
nur auf dem Atlantik, sondern auch auf der Biscaya und der Barentssee. Immer, wenn ich irgendwo weit weg von MESUF Delphine entdeckte, sprang ich rufend und mit meinen Armen wedelnd auf
Deck herum, mit dem Ergebnis, dass alle Delphine sofort angesaust
kamen und MESUF begeistert umspielten. Blieb ich dagegen für
die Delphine verborgen, zeigten sie kein Interesse an dem scheinbar
unbesetzten Schiff.

Mitte Oktober herrschte am Eingang des englischen Kanals tagelang ein wütender Oststurm, und ich zögerte, bei dichtem Schiffs-
verkehr, schlechter Sicht und ohne Motorhilfe gegen die starken
Gezeitenströmungen und gegen die anhaltenden Winde und Wellen anzukreuzen. Die Schiffsmaschine war durch die ewige, bruta-
le Schüttelei auf dem Nordatlantik ausgefallen, die Bordbatterien
leer, und der Seefahrer war müde und erschöpft. Ich änderte den
ursprünglich geplanten Kurs nach Hamburg und steuerte stattdessen mit einer günstigen Windrichtung mitten über die Biscaya die
Nordwestecke von Spanien an. Es wurde ein tagelanger, wilder
Ritt, belohnt mit einem stolzen Gefühl, unter Segeln im Hafen von
La Coruna einzulaufen.

Segler, die allein unterwegs sind, kommen in den Häfen leicht
mit anderen Seefahrern in Kontakt und tauschen freimütig ihre Gedanken und Lebenseinstellungen untereinander aus. So lernte ich
einen irischen Piloten kennen, der in den Wartezeiten zwischen
den Einsätzen bei einer Fluggesellschaft Segelyachten von Spanien
nach der Karibik überführte und auf dem Rückweg jedes Mal einen
Extragewinn durch Rauschgiftschmuggel erzielte. Wir verbrachten
einige Abende und Nächte in den Kneipen von La Coruna, tranken
Unmengen von Rotwein, verzehrten dabei Berge von Erdnüssen,
und ich lernte viel über Irland und seine liebenswürdigen Menschen.

So schön ein solches Leben im Hafen auch war, ich musste
schleunigst nach Hause, um mich als der zu wählende Präsident
meinen Kollegen in Hamburg vorzustellen. Ich vertäute MESUF
sicher im Hafen und wanderte zum Bahnhof, um irgendeinen geeigneten Zug zu erwischen.

Im Nachtzug nach Madrid saß ich mit einer Gruppe von jungen spanischen Tierschutzaktivisten zusammen. Wir unterhielten
uns prächtig, und sie luden mich ein, ihre Pflegestation für kranke
Wildtiere mitten in Madrid zu besuchen. Hier fütterten wir die zahl-

reichen, durch Unfälle an Hochspannungsleitungen verletzten und auf der Station behandelten Adler, Geier, Eulen und Bussarde. Das war keine angenehme Arbeit. Zunächst fingen wir in den stinkenden Tierhäusern unzählige der dort gezüchteten Mäuse und Ratten, schlugen sie teilweise tot und übergaben sie tot oder lebendig den gierigen Raubvögeln.

Nach einer mühevollen Tagesarbeit sollten zum Abschluss nur noch die hungrigen, auf der Station untergebrachten Wölfe versorgt werden. Die jungen Spanier lachten mich aus, als ich es ablehnte, diesen mir unsympathischen Job durchzuführen. „Das ist doch so einfach, geh dort auf die Weide, fang eines der dicken Schafe ein und transportiere es mit gefesselten Beinen auf einer Schiebkarre in das Wolfsgehege!" So berieten sie mich. Es war wirklich ganz einfach. Ich befreite das Schaf von den Fußfesseln und wurde dabei von dem im Hintergrund lauernden Wolfsrudel ungeduldig beobachtet. Danach machte ich, dass ich aus dem Gehege kam, und die Wölfe verrichteten ihre blutige Arbeit. Eine halbe Stunde später war das Schaf verschwunden. Die Spanier hatten mir zugesehen, schlugen mir anerkennend auf die Schulter, und wir verbrachten noch einen lustigen Abend in einer spanischen Kneipe. Ein wenig plagte mich dabei mein schlechtes Gewissen, wie herzlos wir die kleinen Nagetiere und das unschuldige Schaf den Adlern und Wölfen zum Opfer gebracht hatten. Ob da noch ein wenig der Hochmut eines Wikingers durchschimmert, der sich eher auf der Seite von Adlern und Wölfen verortet und nicht so sehr bei Ratten und Schafen?

Auf der Weiterfahrt mit dem Nachtzug von Madrid über Paris nach Hamburg versuchte ich, mir Notizen zu machen, um meine Kollegen von der Richtigkeit der Wahl ihres neuen Universitätspräsidenten zu überzeugen. Sollte ich ihnen vielleicht von den isländischen Geysiren erzählen, den Eisbergen vor Grönland, den kämpfenden Ameisen, der Hektik von New York, dem blutigen Schaf für die Wölfe? Oder doch lieber etwas friedlicher und mit mehr Gefühl von den erbaulichen Gesprächen mit den Wikingern auf hoher See berichten, den vielen Fischern, den Rauschgiftschmugglern und der Kommunikation mit Walen und Delphinen? Mir schien, dass dies der richtige Ansatz war: Unsere Technische Universität in Hamburg-Harburg benötigt Wagemut, Weltoffenheit, Austausch mit Menschen aus aller Welt, aber auch Zielstrebigkeit und Leistungswillen – und dazu könnte ich ja vielleicht ein bisschen beitragen.

Im nächsten Frühjahr 1993, drei Wochen vor meinem Dienstantritt als frisch gewählter Präsident, fuhr ich mit dem Zug nach Spanien zurück und segelte mit MESUF von La Coruna nach Hamburg. Zu meiner Verwunderung verabschiedeten mich zuvor zwei dikke spanische Polizisten am Kai von La Coruna freundlich lächelnd und sahen aufmerksam meinem Ablegemanöver zu. Auf der von allen Seglern gefürchteten Biscaya fand das übliche Wellentheater statt, unterbrochen nur durch ein kleines Flugzeug, das MESUF wie eine lästige Fliege umkreiste und anscheinend sorgfältig beobachtete. Am nächsten Morgen erschien der Flieger wieder, und ich entdeckte am Horizont ein französisches Küstenwachschiff. Dieses forderte mich über Funk auf, sofort zu stoppen, was ich bei dem starken Seegang mitten auf dem Meer außerhalb der französischen Hoheitsgewässer einfach ignorierte.

Ein großes Schlauchboot besetzt mit fünf martialisch wirkenden und mit Pistolen bewaffneten Männern preschte über die Wellen springend heran. MESUF wurde unverzüglich geentert, wortlos durchsucht und dabei mit chaotischer Unordnung überzogen. Nachdem ich meine Sprachlosigkeit überwunden hatte, verwies ich auf die deutsche Flagge, fotografierte meine ungebetenen Gäste und forderte sie auf, mein Schiff sofort zu verlassen. Die Unterhaltung war schwierig, nur in schlechtem Französisch, aber schließlich verstand der Kommandant, führte hektische Gespräche über Funk mit dem Küstenwachschiff und teilte mir schließlich mit, dass man vom deutschen Innenministerium die notwendige Genehmigung für diese Durchsuchungsaktion anfordern würde. Und diese würde ohne Zweifel erteilt werden, denn ich wäre ein Rauschgiftschmuggler und würde verhaftet werden, sobald man den Beweis auf MESUF gefunden hätte.

Ich widersprach heftig, berichtete von meiner Fahrt über Island und Kanada, wo wirklich kein preiswertes Rauschgift aufzutreiben sei und zeigte auf Verlangen die entsprechenden Seekarten und Eintragungen im Logbuch vor. Die Franzosen hatten offensichtlich in Zusammenarbeit mit der spanischen Polizei irrtümlich angenommen, dass ich auf der üblichen Schmugglerroute von Südamerika kommend mit einer Schiffsladung Rauschgift nach England oder auch Deutschland segeln wollte.

Der Kommandant war immer noch misstrauisch, denn er hatte sich wohl einen dicken Fang gewünscht. „Warum treiben Sie sich mit einem kleinen Segelboot ganz allein Anfang März in diesem gefährlichen Seegebiet herum? Das machen nur Rauschgiftschmuggler oder aber Verrückte!", so brummte er mich ärgerlich an. Als ich ihm nicht ohne Stolz mitteilte, dass ich als Universitätspräsident unterwegs sei und in Hamburg meinen Dienst antreten werde, verließen meine Besucher kopfschüttelnd und unverrichteter Dinge MESUF, und der Kommandant bemerkte: „Aha, ein Verrückter!"

Eine Woche später, in Cuxhaven, erregte ich erneut die verärgerte Aufmerksamkeit der Obrigkeit. Gleich nach meiner Ankunft meldete ich dem Zoll, ein Gewehr an Bord zu haben. Man belehrte mich, dass dieses einen ungesetzlichen Waffenimport darstellte und natürlich strafbar sei. Meine Erklärung, dass ich das Gewehr in Norwegen mit einem norwegischen Waffenschein ordnungsgemäß erworben und es in Grönland zum Selbstschutz gegen

Eisbären benötigt hätte, wurde nicht akzeptiert. Ohne deutschen Waffenschein hätte ich das Gewehr vor der Einfahrt in deutsche Hoheitsgewässer über Bord schmeißen müssen. Aber diesmal würde man Gnade vor Recht gewähren und mich straflos ziehen lassen. Unter den sensationslüsternen Blicken der Segler auf den Nachbarschiffen holte man mein beschlagnahmtes Gewehr von Bord, und ich wurde wie ein armer Sünder von den Beamten in das Zollgebäude dirigiert. Schließlich konnte ich endlich nach Hamburg weitersegeln, und mir dämmerte es, dass ich nach Antritt des Jobs als Universitätspräsident die üblichen Spielregeln unserer Gesellschaft genauer befolgen müsse.

Im Verlaufe von fünfundzwanzig Jahren bin ich neben den mehrfachen Fahrten nach den Färöern, Island, Kanada, USA und Spanien auch etliche Male die ganze norwegische Küste hinauf gesegelt, bis zum Nordkap und von dort weiter über die Barentssee nach Spitzbergen. So wie viele Segler die Ostsee mit ihren idyllischen Buchten, friedlichen Seegebieten und kleinen Häfen als ein ideales Segelrevier empfinden, so fühle ich mich mit MESUF auf dem riesigen Nordatlantik von Nordspanien bis zur ewigen Eisgrenze und von Bergen in Norwegen bis St. John in Kanada heimisch. Insgesamt habe ich in diesem Gebiet, zumeist allein, eine Gesamtstrecke zurückgelegt, welche einer zweifachen Weltumsegelung entspricht.

Auf meinen Fahrten längs der norwegischen Küste nach Spitzbergen benutze ich gern die inneren Wasserwege zwischen engen Fjorden und vielen Felseninseln, geschützt vor den anstürmenden Wellen des offenen Atlantiks. Inzwischen kenne ich viele der kleinen Fischereihäfen, tausche während der Aufenthalte mit Freunden Neuigkeiten aus und genieße besonders in Nordnorwegen die einsamen, vor Stürmen abgeschirmten Ankerbuchten mit der Möglichkeit, große Dorsche zu fangen.

Tromsø, die Eismeerstadt nördlich des Polarkreises liebe ich besonders. Sie war Ausgangshafen für viele legendäre Polarexpeditionen: Nordenkjöld mit der Vega vor der Nordostpassage, Nansen mit der Fram, bereit zur Eisdrift zum Pol, Andrée mit der Virgo vor seinem Ballonflug und schließlich Amundsen mit dem Latham-Flugzeug als Rettungsexpedition für Nobile, der mit seinem Luftschiff Italia nördlich von Spitzbergen im Eis gestrandet war. Tromsø wird als Paris des Nordens bezeichnet, bevölkert von jungen Menschen aus aller Welt. Hier habe ich als Professor für Physik an der Uni mit meinen Studenten neue Ideen ausgebrütet. Wir haben Expeditionen nach Spitzbergen unternommen und sind mit MESUF in den Fjorden herumgesegelt.

Von Tromsø geht es weiter gen Norden, dann folgt der Sprung über die Barentssee. Das ist ein von Seefahrern gefürchtetes, stürmisches und oft von Nebel verhangenes Seegebiet zwischen Norwegen und Spitzbergen; selbst im Sommer treten driftende Eisfelder auf. Meistens lege ich während der fünf bis sechs Tage dauernden Segelreise auf der genau in der Mitte zwischen Norwegen und Spitzbergen hoch aufragenden kleinen Bäreninsel einen Zwischenaufenthalt ein. Hier treffen die kalten sibirischen Meeresströmungen auf den längs der norwegischen Küste abgekühlten Rest des Golfstroms. Die Meerestemperatur sinkt auf den Gefrierpunkt und kalter Nebel verhüllt zumeist alles.

Nur an zwei bis drei Stellen ist es bei ruhigem Wetter möglich, an der Bäreninsel zu ankern und das von steilen Felswänden verschlossene Land zu betreten. Dort bin ich schon manches Mal zwischen den traurigen Halden von Walrossknochen- Überbleibseln der hemmungslos wütenden Trankocher vergangener Jahrhunderte herumgewandert und habe dabei ängstlich nach Eisbären Ausschau gehalten. Hier hat Barents 1596 einen Eisbären gejagt, bevor er auf der Suche nach einer Nordostpassage Spitzbergen entdeckte und er, nachdem sein Schiff im Eis zerdrückt worden war, an Skorbut starb. Vermutlich hier in der Nähe ist Amundsen 1928 bei seinem Rettungsversuch für das im nördlichen Packeis gestrandete Luftschiff von Nobile mit seinem Flugzeug ins Meer gestürzt und verschollen.

Bei den zumeist im Nebel in der Walrossbucht der Bäreninsel durchgeführten Ankermanövern benutzte ich die Schiffsmaschine, um den unter Wasser verborgenen Klippen in Landnähe rechtzeitig ausweichen zu können. Einst passierte dabei ein kleiner Zwischenfall: plötzlich erstarb der Motor, der Schiffspropeller saß fest. Die Brandungswellen am Ufer waren wegen des Nebels nicht zu sehen, aber bereits gut zu hören. Anscheinend hatte sich ein im Wasser treibendes Fischnetz oder eine Leine im Propeller verfangen und diesen blockiert. Ich musste ins Wasser und tauchte mit einem langen Küchenmesser zwischen den Zähnen unter den Schiffsrumpf zu dem im trüben Eiswasser kaum sichtbaren Propeller, umwickelt von einer langen Leine.

Erst nach mehrfachen Versuchen gelang die Befreiung der Schiffsschraube. Danach klammerte ich mich, völlig erschöpft und bereits gefährlich unterkühlt, noch im Wasser an die Badeleiter des in der Dünung stampfenden Schiffs und fand zunächst nicht mehr die Kraft zum Aufstieg. Nach dieser Erfahrung glaube ich, dass der Tod im eiskalten Wasser nicht besonders unangenehm ist. Mir war überhaupt nicht kalt, eine wohltuende Ruhe und große Gelassenheit ohne Angstgefühle bemächtigten sich meiner. Mit großer Willensanstrengung zwang ich mich schließlich, diesen angenehmen Zustand zu beenden, um mit letzter Kraft an Deck von MESUF zu kriechen.

Während der tagelangen oder auch wochenlangen Fahrten auf weiten Meeren ohne Landsicht und ohne Kontakt zu anderen Menschen verliert der einsame Segler allmählich den Bezug zur normalen menschlichen Welt. Das wird ihm schlagartig bewusst, wenn er beim Zusammentreffen mit der Zivilisation unverhofft in den Verdacht gerät, Rauschgift- oder auch Waffenschmuggler zu sein. Insbesondere bei stürmischem Wetter und entsprechendem Seegang wird das Nachdenken über die im normalen Leben interessierenden Problemstellungen eingestellt. Politik, verwickelte Gesetzesregeln, kulturelle Ereignisse und auch die Gedanken an die eigenen in der Ferne lebenden Familienangehörigen treten in den Hintergrund, und man wird gewissermaßen zum gedankenlosen Tier. Lediglich das Interesse am eigenen Wohlbehagen und die Aufrechterhaltung der Funktionstüchtigkeit des Schiffes füllen den Mikrokosmos des einsamen Seefahrers aus.

Alles läuft recht geruhsam ab, insbesondere im polaren Sommer, wenn es Tag und Nacht hell ist. Der Tagesablauf wird nicht durch die Uhrzeit oder durch von außen vorgegebene Termine und Zwänge bestimmt, sondern im Wesentlichen durch die jeweils herrschenden Wetterbedingungen und die persönlichen Bedürfnisse nach Ruhe, Essen und Trinken. Manchmal starrte ich während langer Segelfahrten auf die Borduhr und dachte währenddessen darüber nach, ob ich mir ein Spiegelei braten oder lieber eine Suppe kochen solle. Wenn ich mit meiner Überlegung endlich fertig war, stellte ich zu meinem Erstaunen fest, dass der Stundenzeiger der Uhr zwischenzeitlich weit vorgerückt war.

Geschlafen wird auf See als einsamer Seemann häufig nur in kurzen Intervallen, ähnlich wie das bei den über dem offenen Meer herumfliegenden Seevögeln beobachtet werden kann. Diese stecken gelegentlich ihren Kopf unter den Flügel und schaukeln für ein kurzes Nickerchen auf den hohen Wellen. Sorgen um die Zukunft oder Angst in kritischen Situationen empfindet man kaum. Trotzdem dämmert der Seefahrer nun nicht etwa stumpf und unempfindlich vor sich hin, sondern er gibt sich wie die ihn begleitenden Möwen ganz dem Geschehen in der Natur hin und entwickelt dabei hellwache Instinkte, die ihn drohende Gefahren rechtzeitig erkennen lassen.

In der Einsamkeit auf dem Meer tritt die Bedeutung der heutzutage häufig diskutierten sogenannten „Universellen Menschenrechte" weit in den Hintergrund. Eigentlich existieren diese Menschenrechte für einen einsamen Abenteurer überhaupt nicht; jedenfalls nicht anders, als im übertragenen Sinne auch hinsichtlich der Rechte von Walen, Seevögeln oder Fischen, welche in ihrem natürlichen Lebensraum überleben wollen und sich den Nachstellungen ihrer Feinde zu entziehen suchen. Auf stürmischer See ist ein Mensch nicht mehr und nicht weniger als eine im Lebenskampf stehende Kreatur.

Wenn dann schließlich nach vielen Tagen auf der tosenden Barentssee die Gletscher der noch fernen Küste Spitzbergens am Horizont sichtbar werden und die Notwendigkeit zur genauen Navigation erwächst, taucht der Seefahrer aus seiner eigenen Welt wieder auf und freut sich darauf, endlich wieder aktiv werden zu können.

3. Ein Polarforscher

Spitzbergen ist eine von vielen Gletschern bedeckte Inselgruppe hoch oben im Norden am Rande der Packeisgrenze, 1 000 Kilometer südlich des Nordpols gelegen. Die letzten Ausläufer der längs der norwegischen Küste nach Norden drängenden warmen Wassermassen bewirken zumindest auf der Westseite Spitzbergens ein für die hohen Breitengrade vergleichsweise mildes Klima. Während Grönland auf der Breite zwischen 70°N und 80°N unter einem dicken Eispanzer in einem fast ständig fest zugefrorenen Seegebiet liegt, kann West-und Nordspitzbergen auf 80°N während vieler Sommermonate problemlos mit Schiffen in fast eisfreiem Wasser befahren werden.

In grauer Vorzeit, vor hundert Millionen Jahren, bedeckten Urwälder die Täler und Berge von Spitzbergen, in denen Dinosaurier herumstreiften. Heutzutage kann man auf manchen Schutthalden am Rande der Gletscher versteinerte Abdrücke von Pflanzen, Blättern und sogar Fußabdrücke und versteinerte Knochenreste von Sauriern finden. Damals entwickelten sich auch die Kohlevorkommen auf Spitzbergen, die heute von norwegischen und russischen Bergbaugesellschaften ausgebeutet werden. Wie es zu dem fast tropischen Klima gekommen war, ist unklar. Vermutet wird eine damals auf der ganzen Erde herrschende Warmzeit oder aber auch eine in dieser Zeit mehr südliche Lage von Spitzbergen, welches im Laufe von vielen Millionen Jahren Richtung Norden zu der heutigen geographischen Lage gedriftet sein könnte.

Vor über zehntausend Jahren herrschte eine lang anhaltende Eiszeit, welche ganz Nordeuropa unter gewaltigen Eismassen begrub, so dass Spitzbergen wie ein schwer beladenes Frachtschiff tief in die weiche Erdkruste eingesunken ist. Als in der darauf folgenden wärmeren Phase das Eis langsam abschmolz, tauchten die Landmassen von Spitzbergen wieder auf. Heute lassen sich die früheren Uferstreifen auf den Schotterhängen und an einigen Bergwänden in den Meeresbuchten als Streifenbänder, ähnlich wie Höhenlinien auf einer Wanderkarte, erkennen. Ich konnte auf den Berghängen in einer Höhe von bis zu einhundert Metern über dem heutigen Meeresspiegel uralte Walknochen finden, welche in dem kalten Klima kaum verwittert waren. Eine Altersbestimmung derartiger Knochen ergab, dass offensichtlich vor fünf- bis zehntausend Jahren Wale am Ufer gestrandet waren, und dass dann deren Knochen mit dem sich hebenden Land nach oben getragen wurden.

Nach Meinung der Archäologen war Spitzbergen in der vormodernen Zeit niemals von Menschen bewohnt. Es konnten bisher keinerlei Anzeichen von Steinwerkzeugen oder Siedlungsresten gefunden werden. Das mag an dem unwirtlichen Klima liegen oder auch an der durch weite und stürmische Meere getrennten Lage von Spitzbergen.

In Norwegen wird die Ansicht vertreten, dass Spitzbergen nicht erst in jüngerer Zeit von Wilhelm Barents, sondern bereits vor über tausend Jahren von den seefahrenden Wikingern entdeckt worden sei. Zu dieser Meinung trägt ein kurzer Satz im alten isländischen „Landnamaboka" bei. Dort heißt es lapidar: „Svalbardi funnit" zusammen mit der Angabe, in welche Richtung und wie lange ein Wikingerboot von Island aus segeln muss, um Svalbard zu erreichen. Die Bezeichnung „Svalbard" ist isländisch und bedeutet „Kalte Küste", und dieser Name ist unter anderem auch für eine Gemeinde am Nordrand von Island gebräuchlich. Alte Fischer auf Island erzählten mir, dass sie in der Schule gelernt hätten, die nordöstlich von Island gelegene Insel Jan Mayen als „Svalbard" zu bezeichnen. Die Segelanweisung für „Svalbard" in dem „Landnamaboka" trifft, wie ich es auf meiner Segelfahrt mit MESUF von Jan Mayen nach

Island überprüfen konnte, genau auf Jan Mayen zu und keineswegs auf Spitzbergen, was viel weiter im Norden liegt. Ich glaube daher nicht, dass mit dem Hinweis auf Svalbard im „Landnamaboka" tatsächlich Spitzbergen gemeint ist. Zur Unterstreichung seines sozusagen auch historisch gewachsenen Besitzanspruchs auf Spitzbergen besteht Norwegen allerdings darauf, dass Spitzbergen umbenannt wird in Svalbard. Damit soll wohl mittels der Bemerkung im „Landnamaboka" die Richtigkeit der Behauptung suggeriert werden, dass Spitzbergen von den norwegischen Wikingern bereits um 900 und nicht erst 1596 von dem holländischen Barents entdeckt wurde.

Wilhelm Barents versuchte im Auftrag der Niederlande, einen Seeweg von Europa über die nördlichen Meere nach dem fernen Osten zu finden. Dadurch sollten Schätze Indiens nach Europa verschifft werden unter Vermeidung der von Portugal erhobenen Zollabgaben und des beschwerlichen südlichen Wegs um Afrika herum. Barents entdeckte zwar Spitzbergen und gab diesem Land seinen zutreffenden Namen, danach aber blieb er mit seinem Schiff im Eis stecken, überwinterte mit seiner Mannschaft auf Novaja Semlja und verstarb 1597 auf der dramatischen Rückreise an Skorbut. Seine überlebende Mannschaft brachte die Kunde nach Europa von den unerhört reichen Beständen an Walen und Walrossen in den Gewässern um Spitzbergen.

In den nur drei Jahrzehnten nach der Entdeckung Spitzbergens wurden die zuvor riesigen Tierbestände nahezu vernichtet. Tausende von Segelschiffen, besetzt mit vielen Seeleuten, Waljägern und Trankochern besonders aus Holland, England, Frankreich und auch Norddeutschland, fuhren jeden Sommer nach Spitzbergen und kehrten im Herbst mit ihrer wertvollen Ladung an Waltran für die Straßenlampen, begehrten Walbarten für die Stützstreben von

Regenschirmen und Reifröcken, Walrosshäuten, Stoßzähnen und Rentierfellen in ihre Heimathäfen zurück. Kriegerische Auseinandersetzungen zwischen den verschiedenen Nationen, gefährliche Eispressungen und Skorbuterkrankungen, hervorgerufen durch Vitaminmangel, führten zu einer hohen Sterblichkeit unter den Menschen. Überall in den von den Walfängern bevorzugten Buchten, zumeist im Nordwesten von Spitzbergen, kann man in Gräber mit ausgeblichenen Gebeinen schauen, welche durch die Wirkung des Permafrostes an die Oberfläche gedrückt wurden. Wrackteile der im Eis untergegangenen Schiffe sowie Überreste der damals gebräuchlichen unzähligen Tranfässer habe ich an vielen Küstenabschnitten gefunden.

Nach dem Abklingen der Walfangzeit rückten Jäger und Fallensteller aus Russland und Norwegen an, um die bis dahin noch reichen Bestände an Eisbären, Polarfüchsen und Rentieren auszubeuten. Die Jäger waren zumeist ärmliche Abenteurer, welche in ihrer Heimat kein Auskommen fanden und von verschiedenen Handelsorganisationen oder auch den Regierungen ihres Landes mit bescheidenen Booten und einer dürftigen Ausrüstung ausgestattet wurden. Sie sollten Jahr für Jahr möglichst viele Felle herbeischaffen und im übrigen auch den Anspruch ihrer Regierung auf den Besitz des bis dahin herrenlosen und gesetzlosen Landes festigen.

Später strömten einzelne Forschungsreisende und ganze Expeditionen in das polare Land, um Neues zu entdecken und von hier aus den Nordpol zu erobern. Ein politisches Tauziehen insbesondere zwischen Russland, Norwegen und Schweden setzte ein, welchem Land die Oberhoheit über Spitzbergen zuerkannt werden sollte, was insbesondere wegen der Kohlevorkommen aus wirtschaftlichen Gründen interessant zu werden versprach. Schließlich wurde 1925 in den Wirren der Nachkriegszeit der Status von Spitzbergen als „No Man´s Land" mit dem sogenannten Spitzbergen-Vertrag beendet, mit der Entscheidung, dass Norwegen Spitzbergen verwalten solle. Dabei wurde allerdings praktisch allen Nationen der Welt das Recht zugestanden, Spitzbergen ohne Einschränkung und ohne Passkontrolle zu besuchen, dort zu leben und zu arbeiten sowie die Bodenschätze auszubeuten. Über Fischereirechte und Ölvorkommen wurde damals noch nicht nachgedacht.

Norwegen hat daraufhin einen mächtigen Gouverneur eingesetzt, der mit einer reich ausgestatteten und ständig wachsenden Verwaltung durch eine Flut von Vorschriften die Aktivitäten aller Nicht-Norweger auf Spitzbergen einzuschränken versucht. Damit möchte man einen unwiderruflichen Anspruch Norwegens auf Spitzbergen mit dem heutzutage Begehrlichkeit weckenden Reichtum an Fischen und Erdöl festigen.

In meiner Zeit als Professor in Tromsø hatte ich persönlich 1990 das erste Mal Berührung mit Spitzbergen. Mit meinen norwegischen Studenten flog ich damals für Messungen der Dicke von Meereis nach Longyearbyen. Das ist neben der russischen Kohlebergwerkssiedlung Barentsburg der einzige große Ort auf Spitzbergen mit zweitausend Einwohnern aus aller Welt. Zumeist sind dies Norweger, aber dort tummeln sich auch viele Menschen aus Thailand, Russland, China und Deutschland, welche auf Spitzbergen in den Kohlebergwerken oder auch als Forscher, Geschäftsleute und insbesondere auch Touristenführer tätig sind. Vornehmlich während der hellen Monate im Frühjahr und Sommer kommen Tausende von Touristen nach Spitzbergen mittels der regelmäßig verkehrenden Passagierflugzeuge oder der vielen großen Kreuzfahrtschiffe. Dann herrscht in den wenigen Geschäften und Restaurants von Longyearbyen ein emsiges Treiben.

Nur wenige Kilometer außerhalb des zivilisierten Ortes mit Kindergärten, Schulen, einer kleinen Universität, Museen und Hotels erstreckt sich eine weite baumlose und unberührte Wildnis mit Gletschern, Gebirgen, wild schäumenden Bächen und mit Eis bedeckten Meeresfjorden, und natürlich auch mit zahlreichen hungrig herumstreifenden Eisbären. Ich war damals bei meinem ersten Besuch von Spitzbergen sofort begeistert und hatte mir vorgenommen, wiederzukommen und länger zu bleiben. Inzwischen habe ich in diesem faszinierenden Land mit Unterbrechungen insgesamt fünf Jahre gelebt.

Als Universitätspräsident in Hamburg verspürte ich zuweilen den Wunsch, für einige Wochen der Hektik und Verantwortung meiner Tätigkeit zu entkommen, um in der Wildnis von Spitzbergen neue Kraft und Ideen zu schöpfen. Schließlich packte ich im Sommer 1995 meinen Rucksack, bestieg in Hamburg einen Flieger und landete ein paar Stunden später in Longyearbyen. Ich plante, meinen ehemaligen norwegischen Studenten Trond zu besuchen, der nach seinem erfolgreichen Studium zwei Jahre lang in einer kleinen Hütte im Norden Spitzbergens zusammen mit seinen acht Schlittenhunden hauste und Robben, Rentiere und Polarfüchse jagte. Von Longyearbyen nach Austfjordneset am Wijdefjord – so heißt der Winkel mit der Jägerhütte von Trond, fernab jeglicher menschlicher Zivilisation – ist es ein weiter Weg, und stürmische Fjorde, Gletscher und Gebirge sind zu überwinden.

Ich besorgte mir einen Kajak, verpackte meine Ausrüstung aus Zelt, Schlafsack, Gewehr und Proviant und paddelte los über den Adventfjord. Dieser kann auch im Sommer von kleinen Eisfeldern und Gletschereis bedeckt sein. Begleitet von einem geheimnisvollen Klingen der bei der leichten Wellenbewegung aneinanderstoßenden Eisbrocken manövrierte ich meinen Kajak vorsichtig hindurch, mit meinen Gedanken noch in Hamburg, das ich erst am Morgen verlassen hatte. Nach Umsteuerung der Klippen bei Revneset frischte der Wind kräftig auf, und ich war umgeben von weißen Schaumkronen. Nur mit Schwierigkeit konnte ich den Kurs halten, und ich war in den hohen Wellen ängstlich bemüht, mit dem kippeligen Kajak nicht zu kentern. Früher einmal habe ich in einem Schwimmbecken die Eskimorolle im Kajak geübt, aber jetzt war ich mir nicht sicher, ob es mir tatsächlich gelingen würde, kopfüber in dem Eiswasser hängend mein Gefährt wieder aufzurichten. Zur Dämpfung meiner zunehmenden Besorgnis fing ich an, laut zu singen, alte Kinderlieder, vermutlich in einer ganz falschen Tonlage; aber das beruhigte mich.

Am fernen Ufer waren hohe Brandungswellen zu erkennen. Ich entdeckte eine Lücke in dem Streifen von weiß leuchtender Gischt und paddelte mit aller Kraft darauf zu. Zwischen Felsklippen, die Wellen genau von hinten, schoss ich auf den steinigen Strand zu. „Bloß jetzt nicht querschlagen", dachte ich noch, und schon schob uns eine gewaltige Welle hoch auf das Land. Hinausspringen, das mit der zurückflutenden Welle mitgerissene Kajak festhalten und schließlich durchnässt und erschöpft auf einen höher gelegenen Felsvorsprung kriechen – ich war zufrieden.

Es war ein hübscher Lagerplatz, ziemlich trocken, Moospolster, bunte arktische Blümchen und ein prächtiger Ausblick auf die in der Mitternachtssonne leuchtende Fjordlandschaft. Nur eine Kleinigkeit störte mich an der Idylle. Unten auf dem feuchten Uferstreifen hatte ich frische Bärentritte entdeckt. Zunächst kochte ich mir auf dem Petroleumkocher im zerbeulten Aluminiumtopf einen Brei aus Nudeln, geräucherter Wurst und Trockengemüse. Danach grübelte ich darüber nach, ob ich hier tatsächlich mein Zelt aufstellen oder lieber doch weiterpaddeln sollte. Aber jetzt, erschöpft und unterkühlt wie ich war mit teilweise nasser Kleidung, es wieder mit den wütenden Wellen aufnehmen? Ich kroch in das winzige Zelt, verpackte mich im warmen Schlafsack, das geladene Gewehr griffbereit neben mir und schlief sofort ein. So etwas würde ich heute mit meiner inzwischen langjährigen Erfahrung nicht wieder tun.

Eisbären sind im Sommer in den eisfreien Landesteilen ohne Robben immer hungrig. Sie streifen ruhelos umher und nähern sich zunächst nur neugierig, aber dann immer aggressiver allen nach Fressen duftenden Gegenständen. Dann, nach vorsichtiger Begutachtung des einsamen Zeltes, kann es passieren, dass der Bär blitzschnell angreift und den schlafenden Menschen mit ein paar Prankenhieben tötet und ihn danach wegschleppt. So etwas kommt alle paar Jahre in Spitzbergen vor, und erfahrene Wanderer legen sich niemals ohne einen wachhabenden Kameraden oder Wachhund unbekümmert in der freien Landschaft schlafen.

Ich habe es überlebt und paddelte frohgemut weiter, allerdings mit dem Wunsch, die nächste Ruhepause vor Eisbären sicher zu verbringen. Das erste auf Spitzbergen gebaute richtige Haus liegt ganz einsam in einem von Gebirgsformationen eingeschlossenen Tal nahe am Sassenfjord. Dieses von Nordensköld 1877 errichtete so genannte „Svenskehus" mit zwei Stockwerken hat eine bewegte Geschichte. Ursprünglich sollten in diesem Tal vermeintlich wertvolle Mineralien abgebaut werden. Als aber das Haus und die notwendigen Installationen fertig waren, ging die von Nordensköld gegründete Firma Bankrott. Später brachte Salomon Andrée hier einen Winter zu und sammelte Erfahrungen in der Arktis für seinen tödlich endenden Ballonflug zum Nordpol. Im darauf folgenden Jahr versuchte eine Gruppe von siebzehn schiffbrüchigen Norwegern in dem inzwischen verlassenen aber noch mit Proviant und Werkzeug gut ausgestatteten Holzhaus zu überwintern. Die mit der erbarmungslosen Natur auf Spitzbergen nicht vertrauten Seeleute starben allesamt an Skorbut. Im nächsten Sommer 1889 wurden die Leichen gefunden, teils draußen notdürftig verscharrt und teils im Haus verteilt.

Ich wanderte in dem Gebäude herum, kochte eine Suppe auf dem qualmenden Ofen in einer Zimmerecke, stellte mir die Gefühle und das Stöhnen der vielen sterbenden Männer vor und legte mich schließlich auf einer der Holzpritschen zur Ruhe und war froh darüber, vor Eisbären geschützt zu sein. Ich erwachte von dem Knarren einer Tür, hörte herumtappende Schritte im Nebenraum und schließlich fiel auch noch mein in der Ecke abgestelltes Gewehr um. Ich stellte mir vor, dass die herumgeisternden Toten vielleicht meine Anwesenheit missbilligten. Das war mir aber egal, und ich schlief wieder ein. Später habe ich meine Erlebnisse Freunden in Longyearbyen erzählt. Diese blickten mich verständnislos an und meinten, vernünftige Menschen würden niemals in diesem für den Spuk bekannten Totenhaus übernachten.

Am Ende des Billefjords zerrte ich mein Kajak hoch auf das Land, beschwerte es mit großen Steinen zum Schutz gegen die gelegentlich mit Orkanstärke von dem Gebirge herabbrausenden Fallwinde und setzte meinen Weg zu Fuß durch das wilde, weite Nathorsttal fort. Reißende Gletscherflüsse mussten überquert werden. Um meine Sachen trocken zu behalten, verpackte ich Schuhe und Hosen im Rucksack und tastete mich mit einem Holzstab ausgerüstet halb nackt über die glitschigen Steine durch das bis zu den Hüften reichende eiskalte Wasser. Dabei wurde ich von dem kräftigen Sog der schäumenden Strudel fast umgerissen. Danach aber, mit dem Rücken an eine Felswand gelehnt zum Schutz gegen anschleichende Eisbären und an einem Stück Schokolade knabbernd, durchflutete mich beim Auftauen meiner Eisfüße ein Gefühl grenzenlosen Wohlbehagens und Geborgenseins in der Natur.

Beim Überschreiten der Gletscher ging ich sehr vorsichtig vor. Gewaltige im Schlamm der Endmoränen lagernde Felsbrocken schwankten bedenklich beim Überklettern, tückische Schneebrücken drohten einzubrechen, und das grau-blau schimmernde Gletschereis war durchzogen von tiefen Spalten. Ich lagerte an einem kleinen Gletschersee und lauschte andächtig den überirdischen Klängen der im vom Wind bewegten Wasser aneinander stoßenden armlangen Eiskristalle. Eine Schar von Wildgänsen tauchte aus dem Nebel auf und drehte bei meinem Anblick erschreckt und schnatternd ab.

Nach einer achttägigen abenteuerlichen Kajakfahrt und Wanderschaft erreichte ich die Hütte von Trond, von dem Geheul der Schlittenhunde herzlich willkommen geheißen.

Ich blieb eine ganze Woche in der aus Treibholz erbauten Jägerhütte. Wir rauchten Pfeife, tranken den mitgebrachten Whiskey, sammelten Daunen aus den Nestern der vielen im Umfeld der Hütte brütenden Eiderenten, jagten Robben auf den im Fjord herumtreibenden Eisfeldern, reinigten die Felle der im Winter von Trond in Fallen erbeuteten Polarfüchse, und ich lernte dabei, wie man als Jäger in der Einsamkeit von Spitzbergen überlebt. Trond erzählte, wie im letzten Winter ein immer aggressiver werdender Eisbär zunächst die auf einem Holzgestell zur Versorgung der Hunde hoch aufgehängten Robben herunterholte und schließlich gewaltsam in die Hütte eindrang, wo er von Trond erschossen werden musste. Wir führten stundenlange Gespräche über den Sinn des Lebens und die Empfindungen eines Menschen, der ganz allein in der monatelangen Polarnacht zubringt, umgeben von Schneestürmen und gelegentlich schaurig heulenden Polarhunden. Mir gefiel die Vorstellung, irgendwann in der Zukunft in ähnlicher Weise eine Reise zu meinem inneren Ich anzutreten.

Die Brutzeit der Eiderenten ging zu Ende, und unzählige kleine Entenküken waren den Eierschalen entschlüpft. Unbekümmert von drohenden Gefahren, vor allem den räuberischen großen Möwen, hopsten die winzigen Küken von den Ufersteinen in das stürmische

Meer und tauchten unablässig nach Fressbarem, begleitet von den wachsamen Entenmüttern. In der auf den ersten Blick so lebensfeindlich wirkenden Natur von Spitzbergen herrscht im Sommer Tag und Nacht ein unglaublich vitales Treiben. Das eiskalte Meer ist voller Plankton, kleiner Nacktschnecken, Krabben und Fischen. Unter den Eisschollen wuchern Eisalgen, die sumpfigen Täler sind dicht bewachsen von bunten Moospolstern, gesprenkelt mit leuchtenden kleinen Blüten. Verschiedene Gräser und mit Flechten überzogene Steine säumen die vielen munter sprudelnden Bäche, und überall schwirren Seevögel, laut krakeelend ihre Jungen fütternd, welche sich in den Vogelkolonien in den für Füchse und Bären unzugänglichen Felsen drängen. Ganz offensichtlich hindern die auf Spitzbergen normalen kühlen Temperaturen die Entfaltung von jungem Leben nicht. Ganz im Gegenteil, dieses arktische Klima scheint neues Leben geradezu zu beflügeln.

Mir war klar geworden, dass ich später für längere Aufenthalte wiederkommen würde, um in diese lebendige Welt tiefer einzutauchen und sie besser zu verstehen, unbeeinflusst von menschlicher Zivilisation, ganz allein, um den Geheimnissen des Lebens und dem inneren Kern des Menschen näher zu kommen.

Gleich nach der Beendigung meiner Zeit als Universitätspräsident in Hamburg war es im Mai 1999 endlich soweit. Ich rüstete mein Segelschiff MESUF für eine ganzjährige Expedition nach Spitzbergen aus, nahm alle erforderlichen Geräte, Messinstrumente und Fachbücher an Bord, wurde verabschiedet von meinen skeptisch dreinblickenden Familienangehörigen und Kollegen, legte mit meinem Schiff in Hamburg ab und machte mich ganz allein auf die weite Segelreise nach Spitzbergen.

Spitzbergen stellt ein geradezu ideales Labor für Forschungsarbeiten im Eis dar. Das ganze Jahr über findet man fast überall unterschiedliche Eisformationen, auf den Gletschern, in schattigen Tälern oder als Seewassereis auf den Fjorden. Spitzbergen ist im Vergleich zur Antarktis leicht erreichbar, sogar mit meinem kleinen Segelboot als Expeditionslabor, und es steht Wissenschaftlern und Expeditionen aus aller Herren Länder für ihre Forschungsarbeiten ohne besondere Genehmigungen offen. Das allerdings sah wohl der damalige norwegische Gouverneur von Spitzbergen etwas anders. Er schien nach meiner Ankunft in Longyearbyen mein Vorhaben mit etlichen Auflagen behindern zu wollen. Schließlich verwies ich ziemlich stur auf die im Spitzbergen-Vertrag verbrieften internationalen Rechte und verließ den letzten Stützpunkt menschlicher Zivilisation mit zwei Polarhunden an Bord von MESUF. Ich plante, mich an der Nordküste von Spitzbergen mit meinem Schiff einfrieren zu lassen, um dort ein ganzes Jahr lang in aller Ruhe die mikroskopischen Vorgänge im Eis studieren zu können.

Der Gouverneur nahm meinen Eigensinn widerwillig hin, aber verweigerte jede Unterstützung oder eventuelle Hilfsaktion für meine Ein-Mann-Expedition. Später allerdings, aufgrund des erfolgreichen Verlaufs meiner Unternehmung ohne jede Hilfe von außen, erwarb ich mir den Respekt des Gouverneurs, und im Verlaufe meiner weiteren drei in den nächsten Jahren folgenden Expeditionen entwickelte sich ein geradezu herzliches Verhältnis. Mit dem derzeitigen Gouverneur Odd Olsen Ingerö verbindet mich eine regelrechte Freundschaft, und wir haben schon manches Mal unsere Gedanken über Spitzbergen und die damit zusammenhängende Politik ausgetauscht.

Die mehrtägige Reise von Longyearbyen an den Nordrand von Spitzbergen ist eine Herausforderung für einen einsamen Segler, gekennzeichnet durch stürmische Winde, Regen- und Hagelschauer, Nebelbänke, eine schwierige Navigation zwischen kleinen Felsinseln und Untiefen, und schließlich durch die seekranken Polarhunde an Bord.

Auf meiner Segelfahrt legte ich etwas erschöpft eine Pause in der Virgo-Bucht ein, wo Andrée 1897 seinen Flug mit dem riesigen mit Wasserstoff gefüllten Ballon Örnen Richtung Norden antrat, und wo ein Jahr zuvor die siegreiche Fram von Nansen, nach dreijähriger Drift durch das Polareis zurückgekehrt, stürmisch gefeiert wurde. Während meine Hunde ausgelassen herumtobten, wanderte ich auf dem öden und teilweise von Schnee bedeckten Geröllfeld herum zwischen den Trümmern des Ballonhauses und den Resten der Wasserstoffanlage. Die zum Füllen des Ballons erforderliche große Menge von Wasserstoffgas wurde von Andrée und seinen Leuten durch die Vermischung von Eisenschrott mit Schwefelsäure in einem großen Kessel während eines tagelangen Prozesses erzeugt und in die zuvor leere Ballonhülle geleitet.

Damals und auch viel früher, zur Zeit der Walfänger zwischen 1600 und 1630, herrschte hier ein emsiges Treiben. Tausende von Menschen zerlegten die an die Ufer gezerrten toten Walkörper, kochten den Tran in riesigen aus Stein gemauerten Öfen und füllten damit viele Holzfässer. Jetzt sind die hier im Nordwesten von Spitzbergen verstreuten Niederlassungen kaum noch zu erkennen, alles liegt verlassen, abweisend und ein bisschen unheimlich zwischen den drohend aufragenden Felsgebirgen.

MESUF segelte weiter, längs des 80. Breitengrades, der vor der Nordküste Spitzbergens verläuft. An Backbord schimmerte die nahe Packeisgrenze, an Steuerbord war im Nebel die weite mit Geröll und Moos bedeckte „Rentierebene" gerade noch zu erahnen. Der Grund ist flach und mit Untiefen versehen. Vereinzelte Eisbrocken tanzten zwischen den Wellen, und ich stellte mir vor, wie hier in wenigen Monaten das gewaltige Packeis dröhnend und knirschend auf den Strand geschoben wird. MESUF bog nach Süden ab in den Woodfjord, wo einige geschützte Buchten ein sicheres Winterquartier versprachen.

Endlich erreichte ich mein Ziel in Mushamna, einem 1662 von dem holländischen Walfänger Muys entdeckten Naturhafen. MESUF wurde vorsichtig durch die enge Einfahrt in einem Gerölldamm manövriert, der die dahinter liegende kleine Lagune im Winter gegen treibendes Packeis schützt. Ich ankerte bei strahlendem Sonnenschein, Windstille und spiegelblankem Wasser, brachte die ungeduldigen Hunde im Gummiboot an Land und erkundete unsere neue Heimat für die geplante Überwinterung. Ich hatte nach gründlichem Studium aller verfügbaren Karten von Spitzbergen diesen „Hafen" für meine Expedition gewählt, war vorerst damit zufrieden und betrachtete voller Vorfreude auf die bevorstehenden Abenteuer die schneebedeckten Berge, die vielen Gletscher, die idyllischen kleinen Täler mit arktischen Blumen, die rauschenden Bächen und die vielen Seevögel.

Die folgenden Wochen waren ausgefüllt mit dem Fangen von Lachsforellen in Fischnetzen, der Robbenjagd und dem mühsamen Errichten eines hohen Gerüstes aus den am Strand überall herumliegenden Treibholzstämmen, um Vorräte von Robbenfleisch und Speck als Futter für meine Hunde sicher gegen Raubzüge der Eisbären abzulagern Ende August wurde es ungemütlich mit viel Wind und eiskaltem Nebel. Auf der Lagune bildete sich das erste Eis, welches knirschend an die Bordwände trieb und an der Ankerkette zerrte. Die Nächte wurden zunehmend länger und dunkler. Im Nebel versuchte ich, mit MESUF den in den Gezeitenströmungen treibenden immer mächtiger werdenden Eisschollen auszuweichen. Dabei lauschte ich auf die jämmerlichen Klagen der jungen Eiderenten, die noch flugunfähig von ihren Müttern verlassen hier blieben und in der bevorstehenden Polarnacht zumeist umkommen werden. MESUF fror schließlich in einem großen Eisfeld fest, das beim nächsten Sturm wieder zerbrach und mein Schiff wie einen Gefangenen mit sich führte. Es waren nervenaufreibende Wochen.

Mitte Oktober bedeckte zäher Eisbrei die Lagune. Das von den vielen Fahrten zwischen den scharfkantigen Eisschollen bereits beschädigte Gummiboot wurde mühsam mit dem Außenbordmotor zum Land gequält, damit ich die dort wartenden Hunde mit Futter versorgen konnte. Das gestaltete sich manchmal als schwierig, weil hungrige Eisbären in der Nähe herumlungerten und nur darauf warteten, den Hunden die zugeteilten Brocken Robbenspeck abzunehmen oder am besten gleich mein mit den erjagten Robben vollgepacktes Fleischstativ zu erklettern. Ich stellte um den Lagerplatz an Land leere Treibstoffkanister auf, auf die ich vom Schiff aus mit dem Gewehr zielte, wenn die Bären zu frech wurden. Der Knall der einschlagenden Geschosse vertrieb sie manchmal für eine kurze Zeit.

Ende Oktober war das Eis begehbar, viel Schnee fiel bei starkem Dauerfrost, und die Polarnacht setzte ein. Ich deckte Schutzplanen über das Schiff, verstaute meine Vorräte bärensicher, vergrub die Kartoffeln im Schnee, um sie auch bei wärmerem Wetter permanent gefroren zu halten, holte die Hunde zum Schiff und beobachtete im letzten Dämmerlicht drei Bären, die von den Fleischvorräten angelockt neugierig und hungrig herumschlichen und gelegentlich Scheinangriffe gegen die angeketteten und wild bellenden Hunde unternahmen. Die Gruppe der Bären bestand aus einer Mutter mit ihrem noch halbwüchsigen Kind und einem Begleiter oder Freund.

Eigentlich konnte ich ganz zufrieden sein, denn bisher war alles plangemäß verlaufen. Trotzdem beschlich mich eine ängstliche Unruhe, ob ich der bevorstehenden Polarnacht gewachsen sein werde. Kann ich mit der monatelangen Einsamkeit und Dunkelheit in der eisigen Kälte, von Eisbären bedroht, fertig werden? Was geschieht bei Krankheit oder Unfällen? Ich beobachtete fast neidvoll die sich immer dreister aufführenden Eisbären, wie sie auf ihrem Rücken liegend mit Vergnügen steile Schneehänge herunterrutschten, vielleicht um ihren Pelz zu reinigen. Die Eisbären gehören hierher, es ist ihre Heimat. Ich bin nur ein kümmerlicher ängstlicher Gast.

Als für eine kurze Zeit kein Bär in der Nähe zu sein schien, eilte ich durch den tiefen Schnee zu den restlichen Speckvorräten, holte sie von dem hoch aufragenden von den Bären fast zerstörten Gerüst herunter und flüchtete mit blutigen Speckfladen bepackt wie ein Esel zurück zu meinem Schiff. Dort verstaute ich das Fleisch in der ohnehin unbrauchbaren weil eingefrorenen Toilette von ME-SUF und dachte dabei schadenfroh an die Eisbären. Diese zogen tatsächlich nach einigen Tagen enttäuscht ab.

Solche Episoden verdrängten meine trübsinnigen Gedanken und ließen mich wieder optimistischer in die Zukunft blicken. Ein Mensch entdeckt ungeahnte Stärken, wenn er ganz allein auf sich gestellt und ohne die Sicherheit einer zivilisierten Gesellschaft in der wilden Natur leben muss. Das habe ich bereits gespürt, als ich das große Holzgestell erbaute und die erste große Robbe am Strand schlachtete. Sicherlich ist mir dabei auch meine Erfahrung als Operationsassistent bei meinem Praktikum im Krankenhaus vor vielen Jahren zugute gekommen. Ein Mensch und eine Robbe sind sich, zumindest von innen gesehen, doch sehr ähnlich. Das Schneiden und Sortieren der Speck- und Fleischbrocken, besudelt von Blut und Fett, und dabei das Herannahen von Eisbären fürchtend, ist sicherlich ein Job, den ich mir noch vor wenigen Monaten als Präsident, umgeben von eifrigen Mitarbeitern, nicht hätte vorstellen können. Hier in der Wildnis gewöhnt man sich rasch an die ungewohnten Arbeiten, greift zurück auf die längst vergessen geglaubten Fähigkeiten eines Steinzeitmenschen, und es erwachen die jedem Wesen innewohnenden Urinstinkte. Dabei wurde ich etwas skeptisch gegenüber der Darstellung des Philosophen Friedrich

Nietzsche, der seinen Zarathustra als Einsiedler im eisigen Gebirge zum Übermenschen reifen lässt. Ich bin wohl kein Zarathustra, sondern entwickelte mich in meiner Einsamkeit eher zu einem von Instinkten gesteuerten Tier.

An der Technischen Universität Hamburg-Harburg hatte ich in den vergangenen Jahren die Hypothese entwickelt, dass gefrorenes salziges Meerwasser ganz besondere Eigenschaften besitzt, welche zur Entstehung des ersten Lebens auf der Erde beigetragen haben könnten. Jetzt hier in Mushamna in einem fantastisch riesigen Eislabor wollte ich diese Hypothese durch experimentelle Untersuchungen weiter stärken. Ich stellte die mitgebrachten Mikroskope auf, installierte zahlreiche Messgeräte für Temperaturen, Salzgehalt, Lichtstärke und Druck in den ausgedehnten Eisfeldern und begann, die komplizierten physikalisch-chemischen Vorgänge im Eis systematisch zu beobachten.

Unter den über dem dunklen Himmel hinwegschwebenden farbigen Polarlichtern bohrte ich Löcher in die Eisschichten und betrachtete unter dem Mikroskop eine wunderbare bizarre Landschaft. Winzige Eiskristalle wachsen und vergehen wieder, umhüllt von membranähnlichen Grenzschichten und umspielt von hochkonzentrierten Salzlösungen. Bei der Verwendung von polarisiertem Licht werden die nur Bruchteile von Millimetern kleinen Strukturen in prächtigen Farben sichtbar. Um die körnigen festen Eiskristalle und die mineralischen im Eis gefangenen Staubteilchen pulsiert eine zähe Flüssigkeit, kleine abgesperrte Zellen entstehen und vereinigen sich miteinander, winzige Gasbläschen drängeln sich in engen Kanälen und lösen sich schließlich auf. Das Ganze wirkt wie ein Kuchenteig unter Hefeeinfluss, in dem vielfältige biochemische Prozesse ablaufen. Diese mikroskopisch kleine Wunderwelt im Meereis lässt sich beim Blick über die scheinbar lebensfeindlichen, in eisigem Frost tot und erstarrt liegenden aufeinander getürmten Eisschollen auf dem zugefrorenen Meeresfjord nicht erahnen.

Meerwasser friert bei −1,8° C. Der entstehende Eiskörper besteht nicht, wie man das von gefrorenem Süßwasser kennt, aus einem glasklaren harten Material, sondern zeigt eine poröse schwammige Struktur. Beim Gefrieren von Meerwasser bilden sich zunächst kleine Kristalle aus gefrorenem Süßwasser, welche wie Schneeflokken wegen ihres geringeren spezifischen Gewichts aus dem kalten Meerwasser an die Oberfläche steigen, sich dort zusammenklumpen und den auf meiner Lagune im Oktober beobachteten Eisbrei bilden. Das ist ein in gefrierenden Salzlösungen physikalisch verständlicher Vorgang. Bei der Abkühlung wässriger Lösungen unter 0° C kristallisieren Wassermoleküle zu reinen Eiskristallen ohne den Einschluss von Verunreinigungen. Auch die im Meerwasser gelösten Salze und Gase werden in das wachsende Kristallgitter der Wassermoleküle nicht eingebaut, sondern sie verbleiben in der bei abnehmender Temperatur immer salziger werdenden Lösung, die äußerst salzig-bitter schmeckt und zum Beispiel bei −20° C zehnmal salziger ist als normales Meerwasser.

Als ich bei schneidender Kälte ein Stück Eis aus der das Meer bedeckenden zwei Meter dicken Eisschicht herausgeschnitten hatte, tropfte aus diesem Eisblock die hochkonzentrierte Salzlösung wie Blut aus einem verletzten Körper. Ein Blick durch das Mikroskop zeigt in dem Meereis ein Gemenge aus Eiskristallen, Hohlräumen, Gasbläschen und der alles umspülenden Salzlösung, welche in ständiger Bewegung durch die engen Kanäle strömt. Die beobachtete Dynamik beruht auf der im Eis ständig wechselnden Temperatur- und Druckverteilungen. Die Lufttemperatur über den Eisfeldern von Spitzbergen ist auch im Winter keineswegs konstant kalt, sondern sie kann sich innerhalb von einigen Stunden stark verändern, zum Beispiel von −30° C auf −5° C. Die Temperatur des

Meerwassers, auf dem das Meereis schwimmt, beträgt im Winter konstant −1,8°C. Die daraus resultierenden veränderlichen Temperaturverteilungen bewirken, dass sich Meereis ähnlich wie ein ständig durchgekneteter Brotteig verhält.

Bei meinen Beobachtungen am Mikroskop draußen auf den Eisflächen haben mir zwei Probleme zu schaffen gemacht: erstens die schneidende Kälte und die deshalb fast erfrorenen Finger, mit denen ich ohne Handschuhe an den empfindlichen Geräten hantieren musste, und zweitens die Sorge um die in der Dunkelheit herumschleichenden Eisbären. Zwar waren meine beiden Polarhunde gute Wächter, welche einen Eisbären meistens schon in weiter Entfernung witterten und mich mit knurrenden Lauten und ihrem gesträubten Fell rechtzeitig warnten. Aber Eisbären sind ausgezeichnete Jäger, die sich grundsätzlich gegen den Wind anschleichen und es meisterhaft verstehen, sich hinter flachen Bodenwällen oder Schneehügeln praktisch unsichtbar zu machen.

Nach stundenlangen Messungen auf dem Eis kroch ich durchgefroren unter die Plane in mein Schiff, goss mir aus der Thermoskanne heißen Tee ein, kauerte mich in die Decke gehüllt neben den kleinen Dieselofen und wartete darauf, langsam wieder aufzutauen. Auch heute noch leide ich an den erfrorenen Fingerspitzen, in denen einige der kleinen Blutgefäße von der Kälte für immer zerstört sind. Wenn mich dann der Tee mit Rum und die wohltuende Wärme des Ofens wieder belebt hatten, dachte ich über die aufregenden Beobachtungen unter dem Mikroskop nach und suchte beim Schein einer Petroleumlampe die vielen an Bord befindlichen klugen Bücher zusammen. Ich versuchte, die komplizierten physikalischen Vorgänge in der Eisstruktur zu verstehen und studierte biochemische Reaktionen, welche unter den im Meereis gegebenen besonderen Bedingungen zur Entstehung des ersten, primitiven Lebens beigetragen haben könnten.

Zahlreiche Theorien werden diskutiert, um zu erklären, wie das erste Leben auf der vor vier Milliarden Jahren noch unbelebten Erde entstanden sein könnte. Mit dem Versuch von Stanley Miller schien diese Frage 1953 fast schon beantwortet sein. Er bombardierte tagelang ein kleines Glasgefäß, gefüllt mit sterilem Meerwasser, mittels elektrischer Entladungen und beobachtete dabei die Entstehung von Aminosäuren. Inzwischen ist man weniger optimistisch, mit diesem Versuch den Schlüssel zur Entstehung des Lebens gefunden zu haben. Aminosäuren sind komplizierte organische Moleküle, die auf der unbelebten Erde unter den von Miller gewählten Bedingungen tatsächlich im Meerwasser entstanden sein mögen und die in allen lebenden Organismen eine wichtige Rolle spielen. Allerdings ist es von den Aminosäuren bis hin zur Entstehung der DNS – komplizierte Gebilde zur Speicherung der Erbinformationen – noch ein sehr weiter Weg. Deren aus vielen Tausenden Molekülen spiralig wie eine Wendeltreppe aufgebaute Struktur, die sogenannte Doppelhelix, hatten Crick und Watson 1953 entdeckt. DNS-Strukturen teilen und verdoppeln sich, und dabei kommen Unregelmäßigkeiten und in seltenen Fällen regelrechte Irrtümer bei der Anordnung der Bausteine in der neuen Doppelhelix vor. Demzufolge kann sich gelegentlich die Eigenschaft der neuen DNS verändern, was das Grundprinzip der evolutionären Entwicklung ausmacht. DNS-Strukturen sind zwar noch keine Lebewesen, aber sie gelten als die wesentliche Vorstufe zum Leben.

Es wird versucht, Bedingungen im Labor herzustellen oder auch in der freien Natur zu finden, welche die Entstehung von DNS gefördert haben könnten. Dabei geht man vielfach davon aus, dass solche komplizierten organischen Strukturen eigentlich nur in einer warmen sogenannten Ursuppe, angereichert mit Aminosäuren und Mineralien, gewachsen sein könnten. Solche Bedingungen glaubt man in flachen warmen Wassertümpeln oder auch in Verbindung mit vulkanischen Aktivitäten in der Nähe der sogenannten schwarzen Raucher am Grunde der Meere finden zu können. Lange hielt man warme Temperaturen für unverzichtbar bei der Bildung komplexer organischer Moleküle, weil chemische Reaktionen in der Wärme schneller ablaufen als in der Kälte. Das trifft zwar zu, aber die gleichen reaktionskinetischen Gesetze sorgen auch dafür, dass lange Molekülketten in der Wärme sehr schnell zerfallen und damit den schrittweise erfolgenden Aufbau von DNS-Strukturen verhindern. Darauf ist es auch zurückzuführen, dass aus organischen Molekülen aufgebaute Umweltgifte in warmen Regionen der Erde relativ schnell zersetzt und unschädlich werden, während die gleichen Giftstoffe in kalten Gegenden, zum Beispiel im Eis der Arktis, sehr lange erhalten bleiben, dort angereichert werden und die Umwelt schädigen können.

Der Aufbau organischer Riesenmoleküle wie die DNS benötigt viel Zeit, möglicherweise Tausende von Jahren. Dazu sind kleine Zellen, sogenannte Kompartimente erforderlich, damit die komplizierten physikalisch-chemischen Wachstumsprozesse in aller Ruhe ablaufen können, bis sich die DNS-Strukturen selbständig vermehren. Außerdem werden zum Aufbau der DNS Aminosäuren, verschiedene chemische Elemente und natürlich Energie benötigt. Zusätzlich muss verhindert werden, dass die sich langsam aufbauenden Riesenmoleküle durch die im damaligen Erdzeitalter außerordentlich intensive UV-Strahlung zerstört werden.

Alle diese Bedingungen sind, wie die Untersuchungen im Eis von Spitzbergen zeigten, im Meereis in idealer Weise erfüllt. In den unzähligen teils flüssigen, festen oder auch gasförmigen winzigen Kompartimenten im Meereis sind zusammen mit den eingeschlossenen mineralischen Staubpartikeln und auskristallisierten verschiedenen Salzen alle für das Leben erforderlichen chemischen Elemente vorhanden. So sind Natrium, Kalium, Kalzium, Magnesium, Kohlenstoff und viele andere Elemente und ihre Verbindungen in der die Kompartimente im Eis umströmenden Salzlösung in hoher Konzentration gelöst. Das galt auch für die Aminosäuren, welche nach den Ergebnissen von Miller in den Meeren der Urerde vor vier Milliarden Jahren durch natürliche Prozesse entstehen konnten und sich, so wie heute die im Meer gelösten Umweltgifte, im Meereis angereichert hätten.

An den Grenzschichten zwischen den elektrisch neutralen festen Wasserkristallen und der mit elektrisch geladenen Salzionen hochkonzentrierten Lösung bauen sich starke elektrische Potenzialdifferenzen auf, welche den Ablauf chemischer Reaktionen beim Aufbau komplizierter organischer Moleküle befördern. Ich konnte mit feinen Elektroden und mit Indikator-Farblösungen die entsprechenden Effekte im Meereis nachweisen. Des weiteren habe ich unter Verwendung starker UV-Lichtlampen die damals während der Entstehung des Lebens vermutete Sonneneinstrahlung auf die Eisoberfläche simuliert und dabei festgestellt, dass die Stärke der UV-Strahlung bereits wenige Zentimeter unter der Eisoberfläche sehr stark abgenommen hat. Aufgrund der vielfältigen Streu- und Absorptionsprozesse im Meereis verschwindet die gefährliche UV-Strahlung in tieferen Eisschichten und kann damit eventuell vorhandene organische Moleküle nicht schädigen.

Auf der heutigen Erde ist es nicht möglich, in freier Natur Zwischenstadien zum Aufbau von DNS-Strukturen zu finden. Alle Winkel der Erde und auch das Meereis sind durchsetzt von lebenden Mikroorganismen. Unter dem Mikroskop habe ich bei tausendfacher Vergrößerung im Meereis selbst bei sehr kalten Temperaturen Kulturen von Bakterien gefunden, die eventuell wachsende DNS-Strukturen sofort als energiereiche Leckerbissen verspeisen würden. Eine nochmalige Entstehung eines möglicherweise anderen primitiven Lebens auf der heutigen belebten Erde ist deshalb unmöglich. Darüber hinaus hat meine Beobachtung der vielen vitalen Bakterien im Eis gezeigt, dass Kälte und Eis keineswegs Hinderungsgründe für die Erhaltung und Entfaltung von Leben bedeuten. Die unter dem Mikroskop beobachteten an den Eiskristallen herumwimmelnden Bakterien haben mich lebhaft an die kleinen Entenküken erinnert, welche auf dem Meeresfjord zwischen den Eisschollen herumflitzten.

Wenn auch die Entstehung von DNS in der heute existierenden Natur nicht direkt beobachtet werden kann, so könnte man doch im Labor unter sterilen Bedingungen bestimmte Entwicklungsschritte nachmachen. So habe ich nach dem Abschluss meiner Expedition im Eis von Spitzbergen im Jahre 2000 mit dem Max-Planck-Institut in Göttingen Kontakt aufgenommen und meine Ergebnisse mit den Wissenschaftlern diskutiert. Besonders der Nobelpreisträger Manfred Eigen und Christoph Biebricher fanden ein großes Interesse an meiner Hypothese und an den Ergebnissen aus Spitzbergen. Es wurde unter definierten Bedingungen in einem Reaktor mit künstlichem Meereis die Replikation von RNS-Molekülen, das sind Vorläufer der DNS, studiert. Die Ergebnisse waren außerordentlich ermutigend, und die Fachwelt hat überrascht zur Kenntnis genommen, dass die Bedingungen in Meereis für die Entstehung des ersten Lebens anscheinend sehr günstig sind.

Im Verlauf meiner drei nachfolgenden Expeditionen nach Spitzbergen gelang es, weitere Fragen zu klären und interessante neue Phänomene im Meereis zu beobachten, welche die Entstehung des Lebens befördert haben könnten. So entdeckte ich zum Beispiel nach der Beimengung von Lipidverbindungen die Entstehung von membranähnlichen Grenzflächen im Eis, welche kleine Kompartimente einhüllten und dauerhafte Zellen bildeten, ähnlich wie in biologischen Systemen. Durch die Untersuchungen im Meereis ist es deutlich geworden, dass die im Eis gegebenen kalten Temperaturen kein Hinderungsgrund für den Aufbau großer organischer Moleküle darstellen, sondern dass im Gegenteil die besonderen Bedingungen im Eis förderlich zur Entstehung des ersten Lebens sind. Sicherlich kann nicht angenommen werden, dass vor vier Milliarden Jahren auf der Urerde irgendwann aus einem Eisfeld ein tatsächlich lebendes Wesen herausgekrochen kam. Aber die Eisregionen haben sehr wahrscheinlich im Verbund mit anderen auf der Urerde damals gegebenen Bedingungen geholfen, dass sich DNS-Strukturen eingebettet in primitiven Membranen bildeten, welche sich danach an wärmeren Orten zu regelrecht lebenden Einzellern entwickeln konnten.

Man versucht, auf unterschiedlichen Planeten flüssiges Wasser nachzuweisen und hofft damit, vielleicht Hinweise auf Leben auch außerhalb unserer Erde zu finden. Es scheint, dass bei verschiedenen Weltraummissionen zwar Wassereis, aber wegen der zu kalten Temperaturen kein flüssiges Wasser entdeckt wurde, welches als zwingende Voraussetzung für Leben angesehen wird. Ich vermute, dass eine Suche nach organischen Molekülen im Eis diverser Planeten sinnvoller sein könnte. Denn auch in diesem Eis auf Planeten werden ähnliche Strukturen und Bedingungen gegeben sein, wie ich sie im Eis von Spitzbergen gefunden habe. Möglicherweise liegt der Geburtsort zur Entstehung von Leben nicht in flüssigem Wasser, sondern in der komplizierten Mikrostruktur von salzigem Wassereis. Die entsprechende Mikrostruktur und die darin ablaufenden dynamischen Prozesse werden durch universell gültige physikalisch-chemische Gesetzmäßigkeiten bestimmt, und zwar im Eis von fernen Planeten genauso wie im Meereis auf unserer Erde. Mir scheint, dass Eis von salzigem Wasser mit all den darin ablaufenden Prozessen als eine Art ideales Labor für die Entstehung primitiven Lebens angesehen werden kann, und zwar nicht nur auf unserer Erde, sondern vielleicht auch auf anderen Planeten oder Kometen.

Im Winter 1999/2000 konnten solche weitgehenden Schlussfolgerungen noch nicht gezogen werden. Ich hauste auf meinem tief in Eis und Schnee versunkenem MESUF, backte jede Woche Brot, kochte Fischsuppen, briet Robbensteaks und freute mich, in der unberührten Eislandschaft einigermaßen komfortabel in aller Ruhe meinen Forschungsideen nachgehen zu können. Die Tage und Wochen vergingen für mich überraschend schnell, die gefürchteten Depressionen blieben aus, und ich fühlte mich zunehmend wohl in der Rolle eines in Eis, Schnee und Dunkelheit vergrabenen Eremiten. Die beiden Hunde waren mir eine große Hilfe, als Bärenwächter, Zugtiere für den mit Instrumenten vollgepackten Schlitten und insbesondere als Gesellschafter.

Der Tagesablauf erfolgte nach einer strikt eingehaltenen Routine, was nach meiner Erfahrung eine wichtige Hilfe beim Überstehen schwieriger Lebenssituationen bedeutet. Frühmorgens um sieben Uhr, auch während der von Oktober bis Februar dauernden Polarnacht, hieß es: raus aus dem Schlafsack, eine kleine Kerze entzünden, Kaffeewasser auf dem Petroleumkocher erhitzen, Katzenwäsche mit einer Handvoll kaltem Wasser, dann viele Klamotten anziehen, lange Unterwäsche, darüber zwei Paar Hosen, Pullover, Wetterjacke, Schneestiefel, Pudelmütze, dicke Handschuhe, und dann aus dem in der Nacht bis zu −15°C kalten Schiff hinaus in die Schneelandschaft bei −40°C.

Ich hielt Ausschau nach Eisbären und fütterte die wartenden Hunde, die wie alle Polarhunde immer draußen schliefen. Dabei rollten sie sich hinter einem Schneehaufen zusammen und überstanden mit einem beneidenswerten Gleichmut alle Unbillen, selbst Angriffe von Eisbären. Danach wurden die Wetterdaten abgelesen, der Wassereimer mit frischem Schnee gefüllt, ein paar gymnastische Übungen absolviert, das zumeist prächtige Nordlicht bewundert und zur Sternenuhr am Himmel gesehen. Die funkelnden Sternenbilder drehten sich wie der Stundenzeiger einer riesigen Uhr, allerdings nur halb so schnell und gegen den Uhrzeigersinn, um den Polarstern, der fast genau über der Mastspitze des eingefrorenen Schiffes stand. Bei Vollmond war die Umgebung mit allen schneebedeckten Bergen und Tälern in ein wunderbares silbriges Licht getaucht. Bei Windstille herrschte eine atemlose Stille, und ich hörte das Blut in meinen Ohren rauschen. Während eines Sturms dagegen tobte draußen ein unvorstellbares Inferno. In dem peitschenden Schneegestöber ließen sich kaum ein paar Schritte unternehmen, ohne die Orientierung zu verlieren. Die Augen wurden schmerzhaft mit Eiskristallen bombardiert, im Schiffsrigg jaulte und heulte es, lose Fallen klapperten wie wild, und zuweilen wirbelten Fetzen der im strengen Frost wie Glas zersplitterten Schutzplane über das Eis und verschwanden in einem Gebirgstal.

Die Sonne tauchte Mitte Februar zum ersten Mal wieder auf und kroch für ein paar Minuten über den Horizont. Das war eine wunderbare Zeit. Ich freute mich, die Polarnacht überlebt zu haben. Die Landschaft erstrahlte in fantastischen Farben, rot, golden, violett, tiefblau. Auf dem Meereis wuchsen merkwürdige Eisstrukturen empor, das waren die durch Raureif entstehenden sogenannten Eisblumen, welche von dem Himmelslicht beleuchtet wie ein Rosengarten rot blühten. Überall waren Robben sichtbar verteilt auf dem Eis. Sie hatten sich ein Schlupfloch mit Krallen und Zähnen durch die Eisdecke gearbeitet und bevorzugten es, mit ihrem wärmenden Pelz in der frostigen aber trockenen Luft zu liegen, statt unter dem Eis in dem kalten Meerwasser zu verharren. Zwei Monate später ab Mitte April geht die Sonne bis Mitte August nicht mehr unter, und ich wartete ungeduldig, meinem Eisgefängnis zu entkommen.

Meine Rückkehr von Spitzbergen nach meiner ersten Expedition im September 2000 mit MESUF die Elbe hinauf bis Hamburg wurde als ein triumphales Ereignis in einer mich fast beschämenden Weise von sehr vielen Menschen gefeiert. Was hatte ich schon vollbracht? Ich habe mich den Erfordernissen und Erwartungen einer zivilisierten Gesellschaft durch meine Flucht ins Eis entzogen, habe Abenteuer erlebt und ein paar neue Ideen über die physikalischen Prozesse im Eis entwickelt, na und? Die Begeisterung und das Interesse der mich willkommen heißenden Menschen haben deutlich werden lassen, dass vielfach eine Sehnsucht vorhanden ist, gelegentlich aus der Normalität des Alltags auszubrechen, die vielen Verpflichtungen und vermeintlichen Bedürfnisse einfach mal zu vergessen, keinen Chef zu haben, kein quälendes Warten im täglichen Verkehrsstau zu ertragen, sondern frei wie ein Vogel in der wilden Natur zu leben.

Für solche Wünsche habe ich Verständnis. Andererseits verstehe ich auch, dass es einem normalen Menschen, eingebunden in unserer modernen Gesellschaft, aus vielerlei Gründen unmöglich erscheint, einfach mal so aufzubrechen und ein abenteuerliches Leben zu führen. Das ist nicht so einfach, man müsste vieles aufgeben und würde sicherlich auch problematische Diskussionen mit Familienangehörigen erleben. Manchmal lässt sich für weniger abenteuerlustige Menschen der aufkommende Wunsch nach einem abenteuerlichem Leben in der Natur befriedigen durch die Betrachtung eines spannenden Films aus fernen Welten, durch das Lesen eines Abenteuerbuchs oder auch durch die Planung des nächsten exotischen Urlaubs.

Nach meiner Rückkehr in das zivilisierte Leben begann ich ziemlich bald, die nächste Expedition zu planen. Es waren eine Reihe wissenschaftlicher Fragen im Zusammenhang mit meiner Hypothese über die Entstehung des Lebens im Eis aufgekommen, die nur durch weiterführende Experimente und Messungen in natürlichem

Meereis geklärt werden konnten. Sicherlich wurde ich bei diesen Überlegungen in meinem Arbeitszimmer an der Technischen Universität Hamburg-Harburg auch heimgesucht von einer tiefen Sehnsucht nach dem Wiedersehen mit Spitzbergen. Teils, um den Mangel an menschlicher Nähe in der langen Polarnacht zu beheben und teils aufgrund der kategorischen Forderung des Gouverneurs von Spitzbergen, dass bei einer nächsten Expedition aus Sicherheitsgründen ein zweiter Mensch teilnehmen müsse, habe ich mich nach einer passenden Begleitung umgesehen. Diese fand ich unter glücklichen Umständen in der mir zuvor unbekannten, aber sehr sympathischen und immer gut gelaunten Engländerin Marie, welche genau wie ich Spitzbergen und Abenteuer liebte. Wir beide freuten uns wenn auch mit einiger Skepsis auf ein Leben so ähnlich wie Adam und Eva im eisigen Paradies.

Im Sommer 2002 brachen wir auf mit Sack und Pack, zwei Hunden, vielen wissenschaftlichen Geräten, Waffen und Munition, einem Funkgerät, unzähligen Büchern, warmer Kleidung, Schlafsäcken und Proviant für vierzehn Monate. Diesmal sollte die Expedition allerdings nicht mit dem im Eis eingefroren Schiff MESUF stattfinden, sondern wir planten, ein ganzes Jahr in einer kleinen Holzhütte zu hausen auf Nordaustlandet, der großen menschenleeren und fast vollständig mit Gletschern bedeckten Insel nordöstlich von Spitzbergen.

Das Schiff „Polarsyssel" des Gouverneurs brachte uns und die Hunde mit unserer gesamten Ausrüstung zu unserem Bestimmungsort und musste sich dabei durch mächtige Eisfelder brechen. Nachdem die hohen Aufbauten des Schiffs bei der Abfahrt hinter den Felsen verschwunden waren, überwältigten uns Gefühle von Verlassenheit, Furcht, Erwartung, aber auch Ruhe und Zuversicht, den Anforderungen des bevorstehenden Jahres gewachsen zu sein. Bei einer Flasche Sekt verflog die anfängliche Beklommenheit, und wir machten uns an die Arbeit, die verwahrloste Hütte wohnlich herzurichten. Diese war vor sechzig Jahren von den Teilnehmern einer schwedischen Polarexpedition errichtet worden und wurde seitdem praktisch nicht mehr benutzt.

Wir waren in einer völlig unberührten, fast vegetationslosen Mondlandschaft gelandet. Um unsere Hütte herum erstreckten sich weite, mit scharfkantigen gelb-weißen Steinen bedeckte Schotterhalden, die in der Ferne zu hohen nackten Gebirgsformationen aufstiegen. Weiter hinten leuchtete hingestreckt über alle Gebirge ein riesiger Gletscherschild. Vor der Hütte lag eine mit nackten Felsinseln durchsetzte Meeresbucht, auf der große Eisfelder und einige Brocken blau-grün schimmerndes Gletschereis trieben. Am Ufer zog sich eine breite Eisbarriere hin, auf der zwei mächtige, offensichtlich verliebte Walrosse ruhten, ohne von uns die geringste Notiz zu nehmen. Die Luft war erfüllt von dem Geschrei der sich jagenden Möwen, in der Ferne schlief ein großer Eisbär und inmitten dieses Paradieses standen zwei Menschen, die sich überhaupt noch nicht kannten.

Die zwei riesigen, unbändigen und völlig unerzogenen Malamut-Hunde hatten wir für unsere Expedition von Freunden in Longyearbyen deshalb übernehmen können, weil sie sich gemeinsam auf das Killen anderer Hunde spezialisiert hatten und somit im Schlittengespann mit anderen Hunden unbrauchbar waren. Es kostete mich einige Geduld und brutalen Krafteinsatz, um die beiden Teufel zu gehorsamen und erträglichen Mitgliedern unserer kleinen Gesellschaft umzuformen. Als Schüler habe ich vor langer Zeit Polizeihunde trainiert und kann mich in das Wesen von Hunden hineinversetzen. Gerade selbstbewusste, leistungsstarke und kluge Hunde erkennen als Herrn nur einen Menschen an, zu dem sie Vertrauen haben und dessen Autorität sie erfahren. Unsere beiden Hunde mit einem Körpergewicht von je sechzig Kilogramm ließen sich von uns relativ kleinen Menschen nicht ohne Weiteres beeindrucken. Da musste ich zu unfair erscheinenden Tricks greifen, wie zum Beispiel einen unvermutet und ohne besonderen Anlass versetzten kräftigen Tritt in die Rippen verbunden mit einem grollenden Knurren, eine aus der Ferne dicht über den ungehorsamen Ausreißer abgefeuerte Gewehrkugel, eine wüste Balgerei im Schnee gegen Bisse geschützt mit dicker Kleidung und, wohl die wichtigste Komponente, die Demonstration geistiger Überlegenheit eines Menschen gegenüber einem Hund.

Das Zusammenleben zwischen Marie und mir gestaltete sich als harmonisch und wurde nie durch Streitigkeiten getrübt. Wir wurden dauerhafte Freunde und führten später noch manche abenteuerliche Expedition durch. In der Hütte zogen wir einen Teilungsstrich in der Mitte unseres kleinen Tisches und grenzten damit unsere Privatsphäre ab. Die Aufteilung der verschiedenen Aufgabenbereiche in unserem täglichen Leben erwies sich als unproblematisch und wurde vorgegeben durch unsere speziellen Fähigkeiten.

Marie verwaltete sämtliche Vorräte, sorgte für deren bärensichere Lagerung in der benachbarten Vorratshütte, hackte Holz und heizte den kleinen Ofen in der Ecke unseres einzigen Raumes, backte jede Woche Brot und schmolz Schnee zu Wasser, sie reparierte schadhafte Kleidung und ließ den Hunden die erforderlichen Streicheleinheiten zukommen. Sie spähte nach Besuchern aus, wenn ich meine Messungen im Gelände ausführte und setzte zielsicher jedem neugierig zu nahe kommenden Eisbären einen Warnschuss vor die Tatzen. Sie schrieb ein schönes Buch über ihre Erlebnisse in der Wildnis zusammen mit einem verrückten Professor, half mir am Computer, die Messreihen auszuwerten, und sie war vor allem eine Freundin und Partnerin bei unseren langen Diskussionen und Gesprächen über unsere Eindrücke.

Ich selbst übernahm als natürliche Folge meiner Expeditionser-
fahrungen neben der Durchführung meiner Forschungsarbeiten die
Jagd auf Wildgänse und Rentiere, die Abwehr gefährlicher und all-
zu aggressiver Bären, die Erziehung der Hunde, das Heranschaffen
von Treibholz mit dem Hundegespann, das Ausbessern der Hütte
nach Einbruchsversuchen von Bären, die Herstellung eines Expedi-
tionsberichtes und schließlich die Aufmunterung und Tröstung der
geduldigen Marie.

Wir beide lebten in einer durch die Natur geprägten Umgebung,
ohne jeden zivilisatorischen Komfort, ohne Unterhaltung durch
Fernseher, Telefon oder Partygäste, ohne Sicherheitsnetz und Kran-
kenversorgung, ohne gegenseitige Eitelkeit oder Gefallsucht, ohne
Karrieredenken und Konkurrenzkampf, und dabei fühlten wir beide
uns außerordentlich wohl und privilegiert. Die Lebensbedingun-
gen waren primitiv in unserer Holzhütte, durch deren Fensterritzen
kalter Wind und Schneestaub wirbelte, und an deren Innenwände
Eiskristalle wuchsen. Licht spendeten zwei kleine Petroleumlam-
pen und gelegentlich eine Kerze. Jeder von uns hatte lediglich eine
schmale Bank zur Verfügung, wo wir nachts in unseren warmen
Schlafsäcken schliefen und uns tagsüber am Tisch gegenüber saßen. Häufig konnten wir durch das kleine Fenster Eisbären beobachten, die um die Hütte schlichen und zuweilen ihre mächtigen
schwarzen Nasen an die dünne Fensterscheibe pressten.

Ähnlich haben Menschen in grauer Vorzeit, vielleicht weit zurück in der Steinzeit gelebt und dabei eine gute Form ihres Zu-
sammenlebens gefunden. Ich habe den Eindruck gewonnen, dass
ein wirklich menschenwürdiges Leben unter den Bedingungen auf
Spitzbergen leichter zu führen ist als in unserer modernen Gesellschaft, geprägt durch den Zwang, sich dem Zeitgeist zu beugen und
durch das blindlings befolgte Streben nach Anerkennung, Reichtum, Komfort, Sicherheit, Unterhaltung, Gesundheitsfürsorge und

natürlich nach einem möglichst langen Leben. Wir beide haben während unseres einjährigen Aufenthalts in Spitzbergen erfahren, dass auch ohne die Erfüllung von nur einem dieser Wünsche ein sehr befriedigendes und geradezu glückliches Leben geführt werden kann. Sicherlich kann unsere ungewöhnliche Situation nicht als geeignetes Modell für ein modernes Leben angesehen werden. Aber vielleicht geht von unseren Lebenserfahrungen in Spitzbergen ein leiser verheißungsvoller Klang aus, der einige Menschen sehnsüchtig aufhorchen lässt und sie an die weit zurückliegende Zeit eines verloren gegangenen Paradieses erinnert.

Spitzbergen ist ein für die Beobachtung arktischer Tiere ideales Land. Das liegt an der offenen Landschaft ohne Baumbewuchs, so dass der Blick ungehindert über die weiten Täler, Ebenen und strahlend weißen Eis- und Schneefelder schweifen kann. In den Sommermonaten herrscht ununterbrochen Tageslicht, und es gibt außerhalb von Longyearbyen keinerlei das natürliche Tierleben störende Menschen. Während meiner vier ganzjährigen Expeditionen in Spitzbergen hatte ich viel Zeit und Gelegenheit, in aller Ruhe mit einem Becher Kaffee und dem Fernglas in der Hand auf Deck von MESUF oder aber auch auf dem Dach unserer Hütte sitzend die umgebende Landschaft aufmerksam zu beobachten und dabei das Verhalten der Seevögel und der Landtiere zu studieren.

Die Zahl der unterschiedlichen auf Spitzbergen lebenden Tierarten ist relativ gering. Dadurch gestalten sich deren Beobachtung und die Verfolgung der Nahrungsketten übersichtlich. Auf dem Land leben ganzjährig lediglich Eisbären, Polarfüchse und Rentiere. Hinzu kommen die kleinen putzigen Schneehühner, welche auch in der Polarnacht auf Spitzbergen bleiben und die in Gängen und Höhlen unter der Schneedecke ihr Futter suchen. Im Frühsommer kommen viele Seevögel nach Spitzbergen, um ihre Jungen mittels der reichhaltigen Futterquellen im Meer aufzuziehen. Dazu gehören viele unterschiedliche Möwen, Gänse und Enten, die kurz vor dem Anbruch der Polarnacht Spitzbergen verlassen und gen Süden ziehen. Schneeammern und ganz selten Schneeeulen lassen sich auf Spitzbergen beobachten.

Im Meerwasser brodelt ein zumeist unsichtbares, aber vielfältiges Leben von Mikroorganismen, Algen, Krabben, Korallen, kleinen in den Spalten im Treibeis herumschlüpfenden Eisdorschen, unzähligen Nacktschnecken, wie den sogenannten kleinen schwarzen Teufeln sowie den überall im Wasser elegant herumschwebenden weißen Engeln, aber auch großen Fischen wie Dorsche, Lachse, Forellen und die mehrere Meter langen Eishaie. Das Meer um Spitzbergen bietet für die vielen Seevögel ein unerschöpfliches Reservoir an Futter. Die Vögel tauchen pausenlos und fliegen gleich danach jedes Mal mit dem Schnabel voller Nacktschnecken, kleiner Fische oder Krabben zu ihren in den großen Vogelkolonien wartenden Jungen.

Dazwischen tummeln sich im Wasser verschiedene Arten von Walen, deren Rücken- und Schwanzflossen in den stillen Meeresbuchten gelegentlich sichtbar werden. Einige Male konnten wir große Rudel der weißen Belugawale aus nächster Nähe beobachten, die laut schnaubend und prustend dicht am Ufer vorbeizogen. Zahllose unterschiedliche Robben jagen nach Fischen und ruhen sich auf den herumtreibenden Eisschollen aus, ängstlich nach Eisbären Ausschau haltend. Die gewaltigen Walrosse gelten als ziemlich gefährlich für unvorsichtige Beobachter. Ich selbst habe einige Male für mich unangenehme Begegnungen erlebt, und zwar im Gummiboot, welches zwei verspielte oder vielleicht auch wütende Walrosse angriffen, an Land, wo ein einsamer riesiger Walrossbulle auf dem Rücken liegend bei meiner Annäherung wie ein gewaltiger Frosch auf mich lossprang, und schließlich auch einmal auf dem Meereis. Dort hatte ich in der Polarnacht in einem Eisloch Instrumente versenkt, um die Wassertemperatur zu bestimmen. Ich war mit der Ablesung der Messwerte beschäftigt, als plötzlich mit einem gewaltigen Dröhnen die dünne Eisschicht unter mir zersplitterte und ein wütender Walrossschädel auftauchte. Ich flüchtete erschrocken über die dunkle Eisfläche und wurde dabei von dem aggressiven Tier unter dem Eis lange verfolgt. Das Walross brach immer wieder durch das Eis und hielt nach mir Ausschau.

Als König der Arktis gilt der Eisbär, der auf Spitzbergen überall und jederzeit ganz überraschend erscheinen kann und dessen langsam wachsender Bestand auf drei- bis fünftausend Tiere geschätzt wird. Seit 1972 sind Eisbären streng geschützt. Jeder Abschuss wird von dem Gouverneur fast wie ein Mordfall sorgfältig untersucht, und wenn der Schütze nicht eindeutig Notwehr nachweisen kann hart bestraft. Ich habe im Verlaufe meiner Expeditionen insgesamt etwa dreihundert Eisbären beobachten können: bei ihrer Jagd auf Robben, beim Säugen ihrer Jungen, beim Tauchen nach Krabben oder Tangpflanzen, beim Grasen auf Moosflächen, bei wütenden Auseinandersetzungen um Robbenspeck und nicht zuletzt auch bei Angriffen auf meine Hunde, auf mich selbst und beim nächtlichen Einbruch durch das zertrümmerte Fenster unserer Hütte. Inzwischen habe ich eine tiefe Sympathie für die Eisbären entwickelt und schätze sie als fast menschenähnliche, sehr intelligent und überlegt handelnde Wesen ein. Trotz mancher dramatischer Begegnungen habe ich niemals einen Bären erschießen müssen, worauf ich ein wenig stolz bin.

Eisbären verhalten sich in manchen Situationen wie Menschen. Einst hielt sich ein alter, von einem prächtigen Pelz mit langen schlohweißen Haarschleiern gekleideter Bär tagelang in unmittelbarer Nähe unserer Hütte auf. Mir scheint, dass Eisbären gegen

Ende ihres Lebens zuweilen die Nähe von Menschen suchen und sich ganz friedlich an deren Gesellschaft freuen. Der alte Bär lag zumeist dicht vor unserer Hüttentür, und jeden Morgen begrüßte ich ihn freundlich und redete ruhig mit ihm. Eines Tages erschien ein dynamischer Jungbär, der Alte hob abweisend seinen mächtigen Schädel und der Junge stob davon. Am nächsten Tag erschien er wieder, der Alte stand langsam auf und ging ihm drohend ein paar Schritte entgegen, der Junge verschwand eingeschüchtert. Das Spielchen setzte sich tagelang fort, dabei wurde der Junge immer respektloser und umkreiste schließlich den liegenden Altbären geradezu provozierend. Ich wollte meinem alten Freund einen Dienst erweisen und schickte einen Flintenschuss zu dem Jungen, welcher sich daraufhin erschrocken zurückzog, während der Alte furchtlos liegen blieb und, so schien mir, dankbar in meine Richtung blickte. Das Schauspiel endete einen Tag später fast tragisch: der Junge zwang den Alten aufzustehen und jagte ihn vor sich her. Dabei hütete er sich allerdings, in die Nähe der gewaltigen Tatzen des sehr abgemagerten Altbären zu kommen. Die Szene wirkte auf mich traurig und beschämend, wie beim Anblick eines ungezogenen jungen Burschens, der einem alten hilflosen Mann hinterherläuft und ihn mit Steinwürfen vor sich hertreibt.

Im Oktober suchen die trächtigen Bärinnen einen geeigneten steilen Berghang mit einer dicken Schneeschicht auf, graben sich dort eine geräumige Schneehöhle und verbleiben darin während der ganzen Polarnacht. Im Dezember werden zwei noch winzige Bärenkinder in der Höhle geboren und monatelang von der Mutter gesäugt. Schließlich begibt sich die ganze Familie Ende März bei schneidender Kälte in die gleißend helle Schneelandschaft. Dann beginnt eine harte Zeit für die Bärin, sie muss gefolgt von ihren zwei ewig hungrigen, in dem tiefen Schnee nur langsam vorwärts kommenden Jungen auf dem Eis Robben jagen.

Ich habe beobachtet, wie die Mutter ihre niedlichen wie Oster-
lämmer wirkenden Kinder hinter einem Schneehaufen ablegte
und danach dem Eis zustrebte, um ihr Jagdglück ohne die störenden Kinder zu versuchen. Den jungen Bären wurde das bald zu
langweilig, und sie stapften ihrer Mutter hinterher. Diese bemerkte den Ungehorsam, stürmte zurück und verprügelte die frechen
Kleinen mit ein paar Tatzenhieben. Sie schrien wie kleine Kinder,
aber warteten danach ganz brav auf die Rückkehr ihrer Mutter.

Ein anderes Mal besuchte eine abgemagerte Bärenmutter mit
ihren zwei kleinen Kindern mein eingefrorenes Schiff. Ich hatte
nach dem Winter noch einige Vorräte an Robbenspeck und fütterte die Bären damit. Es entwickelte sich zwischen uns eine har-
monische Freundschaft. Die Bärin machte es sich im Schnee dicht
neben MESUF bequem und säugte ihre Jungen, ähnlich wie eine
Menschenfrau, aufrecht im tiefen Schnee sitzend, mit ihren Pran-
ken an jeder Brust eines ihrer Kinder stützend. Dabei blickte sie
zu mir wie eine stolze Mutter.

Vielleicht betrachte ich die Eisbären mittlerweile zu sehr durch
eine menschliche Brille und unterstelle ihnen unzutreffenderwei-
se die mir als Menschen vertrauten Empfindungen. Das mag für
einen zivilisierten Menschen so scheinen, aber wenn ich monatelang fast wie ein Tier in der Wildnis lebe, mit keinem Menschen
Kontakt habe, sondern nur von Tieren umgeben bin, dann fühle
und denke ich auch so wie diese. Ich meine, dass besonders in
Anbetracht des beobachteten reichen Gefühlslebens der Eisbären die Einstellung von Menschen gegenüber Tieren zuweilen
etwas überheblich wirkt. Letztendlich verhalten sich Menschen
hinsichtlich ihres Gefühlslebens auch nicht wesentlich anders als
Eisbären. Mit dieser Ansicht fühle ich mich gestärkt durch den
Nobelpreisträger und Tierbeobachter Konrad Lorenz, der mit der
Begründung der vergleichenden Verhaltensforschung bereits vor

fünfzig Jahren das Bindeglied zwischen Human- und Tierpsychologie sichtbar machte.

Einst erschien ein großer Bär vor unserer Hütte. Ich ging nach draußen auf den mich aufmerksam anblickenden Bären zu. Der unbewegliche Gesichtsausdruck und die schwarzen, wie tot wirkenden Augen eines Eisbären lassen keine Gemütsbewegungen und keine freundlichen oder feindlichen Absichten erkennen. Nur wenn der Bär wiederholt mit weit aufgerissenem Rachen gähnt und seine lange, schwarze Zunge aus dem Maul schnellen lässt, kann man auf eine gewisse Nervosität und Unschlüssigkeit schließen, die vielleicht bald mit einem Angriff endet. Bei Angst oder Ärger stoßen die meisten Bären zischende Laute aus, brüllen tun sie nur selten. Ich redete freundlich auf meinen Besucher ein und brummte ein Liedchen. Das beruhigte den Bären, er betrachtet mich noch ein Weilchen und verschwand schließlich. Hastige Reaktionen oder Fluchtbewegungen eines Menschen lösen, ähnlich wie bei Hunden, Verfolgung und einen Angriff aus.

Alte große und erfahrene Eisbären sind vernünftige Persönlichkeiten, mit denen es sich im Prinzip gut auskommen lässt; allerdings sollte man es bei einer Begegnung an der gebotenen Achtung und Höflichkeit nicht fehlen lassen. Gelegentlich bin ich auf meinen weiten Wanderungen Respekt einflößenden Bären begegnet, dann bin ich ruhig zur Seite getreten und habe den Bären auf seinem Weg passieren lassen. Bären verlieren nicht gerne ihr Gesicht, und schon gar nicht gegenüber so einem kümmerlichen Menschen. Die früher viel ausgeprägtere Scheu der Eisbären gegenüber Menschen nimmt auf Spitzbergen mit den Jahren immer weiter ab. Der strenge Jagdschutz für Bären scheint sich langsam herumzusprechen.

Junge Eisbären sind mit zwei Jahren zwar noch lange nicht erwachsen, aber danach lehnt die Mutter eine weitergehende Fürsorge ab und drängt sie fort, um sich einer neuen Generation zu widmen.

Die ersten Lebensjahre eines Bären sind gefährlich, und nur wenige Jungtiere überleben. Ich habe zahlreiche Schädel und Skelette von kleinen Bären, aber nur sehr selten von einem ausgewachsenen Tier gefunden.

Möglicherweise sind die alten männlichen Bären die schlimmsten Feinde der Babys. Ich habe beobachtet, wie eine Bärenmutter mit ihrem Kind laut schreiend von einem noch in großer Ferne erscheinenden männlichen Bären wegrannte. Erwachsene Bären suchen im April eine Partnerin zur Paarung, sie nehmen die Witterung auf und verfolgen die Bärenmutter mit ihren Sprösslingen tagelang. Dabei versuchen sie, nach Möglichkeit die kleinen Bären zu töten, um die Bärin zu einer erneuten Paarung zu veranlassen und somit ihre eigenen Gene zur Weiterverbreitung zu verhelfen.

Die von der Mutter verstoßenen halbwüchsigen Jungbären sind noch unerfahrene Jäger, und wenn sie doch endlich mal eine Beute erwischt haben, wird sie ihnen häufig von einem Altbären abgenommen. Sie sind deshalb meistens hungrig und entsprechend unberechenbar und gefährlich. Die meisten der auf Spitzbergen vorkommenden Unfälle mit Eisbären werden von Jungbären verursacht. Ich selbst habe einige Male nur mit vielen Warnschüssen und meinem aggressiven Verhalten näherkommende Jungbären zur Vernunft bringen können.

Eisbären ernähren sich vornehmlich von Robben, und sie wenden dabei unterschiedliche Jagdmethoden an. Alle Arten von Robben ruhen sich gerne im Sommer auf den schwimmenden Eisschollen und im Winter auch in der Dunkelheit auf den Eisfeldern der zugefrorenen Fjorde aus. Die Löcher im dicken Eis werden von den Robben unter Wasser regelmäßig durch hörbares Beißen, Knabbern und Kratzen am Zufrieren selbst im strengen Frost von bis zu −43° C gehindert. Manche Eisbären wandern ganz offen, ohne sich zu verstecken, von einer zur anderen der auf den Eisfeldern weit verstreut liegenden Robben. Diese bemerken den sich nähernden Bären in den allermeisten Fällen und verschwinden rechtzeitig in ihrem Wasserloch. Dann ändert der Bär seine Marschrichtung und wandert seelenruhig zur nächsten weit entfernten Robbe auf dem Eis. So geht das manchmal stundenlang, bis eine unaufmerksame Schlafmütze dran glauben muss.

Zumeist wandern die Bären allerdings während der Jagd nicht herum, sondern sie lauern im Abstand von einigen Metern, geduckt wie eine große Katze, vor einem Eisloch und warten geduldig. Wenn dann eine Robbe vorsichtig ihren Kopf herausstreckt, um sich sichernd umzusehen, katapultiert sich der riesige Bär unglaublich schnell nach vorn und erschlägt seine Beute mit einem gewaltigen Tatzenhieb. Danach zerrt er die Robbe mit seinen mächtigen Krallen wie mit einem Fleischerhaken aus dem Eisloch. Derartige Jagdszenen sind nur sehr selten zu beobachten. Bären sind sehr geduldig und verharren häufig erfolglos tage- oder gar wochenlang vor einem ausgewählten Eisloch. Manchmal nähert sich ein Bär schwimmend und tauchend einer Eisscholle, um sich am Eisrand explosionsartig hochzuschleudern und die überraschte Robbe zu packen.

Ich habe einen mittelgroßen, erfolgreichen Eisbären bei der Robbenjagd gleich neben meinem eingefrorenen Schiff beobachtet. Er schleifte die große tote Robbe durch den Schnee zu einem etwas versteckt gelegenen Felsvorsprung und begann sofort zu fressen. Nach einigen Stunden der Völlerei reinigte er seinen mit Fett und Blut besudelten Pelz und insbesondere die Innenseiten der Tatzen sehr sorgfältig im Schnee. Ein sauberer Pelz ist zur guten Wärmeisolation überlebenswichtig. Nach kurzer Ruhepause ging die Fresserei weiter, und nach zwei Tagen war die riesige Robbe fast vollständig verschwunden. Der dicke Bauch des Bären schleifte über den Schnee, als er ohne Gegenwehr davon trabte, um einem sich nähernden größeren Bären die kümmerlichen Reste der Robbe zu überlassen.

Während der guten Jagdsaison von März bis Juni legen die Bären mächtige Fettvorräte in ihrem Körper an, von denen sie insbesondere zwischen Oktober und Januar zehren, wenn sie kaum Gelegenheit haben, Beute zu machen. Im Mai bricht eine paradiesische Zeit an, wenn die Robben in Schneehöhlen auf den Eisfeldern ihre Jungen gebären und säugen. Robbenbabys können bei ihrer Geburt nicht schwimmen und müssen die ersten gefährlichen Wochen ihres Lebens auf dem Eis zubringen. Eisbären suchen auf dem Eis nach einer vielversprechenden Witterung, dann schleichen sie vorsichtig näher, richten sich auf ihre Hinterbeine hoch auf und rammen dann blitzschnell mit ihren beiden mächtigen Vordertatzen in den Schneehaufen. Dabei durchbrechen sie die schützenden Eisschichten und erwischen häufig das Baby und manchmal sogar auch die Robbenmutter beim Säugen.

Im Frühsommer schwelgen die Bären in Eiern und Jungvögeln bei ihren systematischen Raubzügen durch die Kolonien von Eiderenten, Gänsen und Küstenseeschwalben, die auf dem Erdboden nisten. Dabei werden gelegentlich ganze Kolonien ausgelöscht, und die Vögel suchen sich im nächsten Jahr andere Brutplätze. Sie vermeiden nach solchen negativen Erfahrungen die Bildung größerer Ansammlungen oder flüchten sich gerne unter die Obhut von menschlichen Behausungen mit angekettelten Hunden, welche die Bären und räuberischen Polarfüchse fernhalten.

Die vereinzelt oder in kleinen Gruppen auf ganz Spitzbergen herumstreifenden Rentiere werden von Eisbären nicht angegriffen, sie sind zu schnell. Ich habe beobachtet, wie Rentiere ohne Furcht dicht an einem liegenden Bären vorbeiwanderten. Im Spätsommer ist die Brunftzeit der Rentiere. Dann verhaken die ausgewachsenen

Bullen sehr behutsam ihr mächtiges Geweih mit dem des Gegners und messen ruhig und vorsichtig ihre Kräfte. Schließlich gibt einer auf und grast ganz entspannt gleich daneben weiter, während die Kühe und Jungtiere scheinbar gelangweilt herumstehen. Bald darauf werfen die Männer ihre Geweihe ab, schließen sich friedlich in Gruppen mit anderen Geschlechtsgenossen zusammen und kümmern sich nicht mehr um die Frauen.

Die weiblichen Rentiere behalten ihre relativ kleineren Geweihe bis zum nächsten Sommer nach der Geburt ihrer Jungen. Sie wandern zusammen mit anderen Müttern ohne männliche Tiere über die weiten Ebenen und suchen nach guten Weideflächen. Wegen ihres Geweihes ist jedes trächtige Muttertier auch starken Bullen überlegen und kann diesen ohne Probleme von einem guten Futterplatz vertreiben. Ich habe beobachtet, wie weibliche Tiere ihr Geweih nur etwas drohend erheben mussten, um starke Bullen zum Ausweichen zu bewegen.

Die langen Winter sind für alle in der Arktis lebenden Tiere verlustreich, aber wohl besonders für die jungen halbjährigen Rentiere auf Spitzbergen. Von diesen gehen sehr viele in harten Wintern zugrunde, was jedes Mal zu einem kräftigen Anwachsen der Population von Polarfüchsen sorgt. Erwachsene Rentiere haben sich bis zum Herbst eine dicke Speckschicht angefressen und wirken dann geradezu wabbelig fett. Im Winter bis zum Frühjahr magern die Tiere erschreckend stark ab und schleppen sich manchmal nur noch mühsam voran.

Es ist immer noch unklar, wie die Rentiere einst nach Spitzbergen gelangt sind. Entweder sind sie schon in grauer Vorzeit über die damals vermutlich existierende Landbrücke von Alaska über Grönland nach Spitzbergen gekommen, oder aber sie sind erst sehr viel später über die ausgedehnten Packeisfelder von Russland eingewandert. Ich habe beobachtet, wie sich Rentiere geschickt und

schnell auf zerklüfteten Eisfeldern zwischen aufgetürmten Eisschollen bewegen, über Wasserrinnen springen und dabei in kurzen
Zeiten große Strecken zurücklegen auf ihrem Weg zu weit entfernten von Eis eingeschlossenen Inseln auf der Meeresbucht.

Während der jahrelangen ungestörten Tierbeobachtungen fühlte
ich mich häufig auch wie eines der arktischen Tiere, angenommen
und akzeptiert von der Natur, und nicht wie ein Gast, der sich um
seine Ausrüstung, Termine und Sicherheit während eines kurzzei-
tigen Besuchs in einer ihm fremden Welt ängstigt. Manchmal gelang mir dabei sogar der Aufbau gegenseitiger freundschaftlicher
Beziehungen zu den Tieren: Polarfüchse, die mich regelmäßig an
der Hütte besuchten und zum Schluss aus meiner Hand fraßen, eine
Robbe, welche zutraulich unmittelbar neben dem eingefrorenen
Schiff ihre Bruthöhle bezog und mich gelegentlich mit ihren großen Augen vertrauensvoll anblickte, und schließlich ein Paar der
normalerweise sehr aggressiven Raubmöwen, welche sich auf meiner Schulter niederließen und mich auf weiten Wanderungen in die
Berge begleiteten.

Meine Aufenthalte im Eis und den Polarnächten von Spitzbergen haben mich bescheiden, fast demütig werden lassen. Ich sehe
mit Bewunderung, wie die Tiere von der Natur sowohl hinsichtlich
ihres Körperbaus als auch ihres Verhaltens geradezu perfekt ausgestattet sind, um in der Arktis zu überleben. Wir Menschen sind
im Vergleich dazu kümmerliche Wesen, die nur unter Zuhilfenah-
me von Hilfsmitteln wie Waffen, Kleidung, Proviant und Zelten zu
überleben vermögen. In moderner Zeit wird die als notwendig an-
gesehene Ausrüstung von Menschen, die sich vorübergehend in der
Natur aufhalten, immer anspruchsvoller. Zahlreiche technologische
Neuerungen für Spezialkleidung, moderne Navigationsgeräte und
Kommunikationsmittel, Sicherheitsausrüstungen, Spezialnahrung
und Rettungssysteme werden freudig aufgegriffen. Dabei verlernen

wir, dass ein Leben in der Natur ohne diese übertriebene Ausrüstung auch möglich ist, ja vielleicht sogar viel besser funktioniert und zu naturnahen Erlebnissen führt, so wie das von Nansen und Amundsen schon vor einhundert Jahren demonstriert wurde.

Gegen Ende meiner letzten Expedition im Eis von Spitzbergen – diesmal wieder zusammen mit der Engländerin Marie – begann ich, mich danach zu sehnen, vielleicht doch endlich ein gemütliches Heim zu finden, in dem ich in Ruhe über meine Forschungsergebnisse und mein Leben nachdenken und entsprechende Schlussfolgerungen ziehen könnte. Ich erinnerte mich an eine kleine verlockende Felsinsel im stürmischen Meer von Norwegen, bereitete MESUF für die Befreiung aus der Umklammerung des Eises vor, und wir machten uns im Juli 2011 zwischen den knirschenden Eisschollen auf die weite Segelreise nach Utsira.

4. Eine Insel

Der Name Utsira bezeichnet nicht nur die kaum fünf Quadratkilometer kleine Insel, sondern auch ein weites Seegebiet östlich der Viking-See. Seefahrern sind die Namen der Seegebiete Deutsche Bucht, Fisher, Forties, Fair Isle, Färöer, Hebriden, Island, Viking und eben auch Utsira aus den täglich über Rundfunk verbreiteten Wettervorhersagen der BBC für Seefahrer bekannt. Es ist eine windige Gegend. Häufig fegen südöstliche Stürme aus dem Skagerrak längs der norwegischen Küste über das Inselchen und rütteln an den kleinen Fischerhäuschen. Ein Nordwest-Sturm, genährt aus den Weiten der norwegischen See, peitscht riesige Wellen gegen die Felsen und lässt den Nordhafen in einer Wolke von Gischt und Schaumflocken verschwinden. Die baumlosen kleinen Täler zwischen den von Gletschern abgeschliffenen Granitfelsen sind von Moosen, Heidekraut und im Sommer von unzähligen bunten Blümchen bewachsen. Überall sprudeln kleine Bäche, der Boden ist immer feucht, und unter den dünnen Grasschichten liegt Torf. Die Winter sind mild, denn das umgebende Meer wird von den Ausläufern des Golfstromes gespeist und wirkt auf die kleine Insel wie ein wärmendes Fußbad.

Utsira war bereits in der Steinzeit vor über zehntausend Jahren von Menschen bewohnt. An ihren ehemaligen Lagerstätten wurden aus Feuerstein gefertigte Werkzeuge, Pfeilspitzen und Angelhaken gefunden. Auch viel später, zur Zeit der Völkerwanderung vor eintausendfünfhundert Jahren haben Familien auf Utsira gehaust. Reste von primitiven Steinhütten, Werkzeug, Keramikscherben und Kleiderreste vermitteln einen Eindruck von der Lebensweise dieser Menschen als Jäger, Fischer und Bauern. Selbst die Wikinger benutzten Utsira vor tausend Jahren vielleicht als Zwischenstation auf ihren Segelreisen nach Island. Auf den ersten Blick scheint es sonderbar, dass sich auf diesem von Stürmen und Wellen heimgesuchten Inselchen offensichtlich immer wieder Menschen angesiedelt haben. Weshalb sind sie nicht lieber in einem geschützten Tal auf dem Festland einem vielleicht sicheren Leben nachgegangen, anstatt sich mit primitiven Booten durch die stürmische See bis nach Utsira durchzuschlagen? Gerade dieser Umstand war vielleicht ausschlaggebend für ihre Wahl: auf Utsira ist Platz für etliche Menschen, und man ist sicher vor überraschenden Besuchen übelwollender Mitmenschen. Außerdem bietet die zerklüftete Uferlandschaft sehr gute Fischgründe, nützliches Treibholz wird ständig angeschwemmt, die vielen brütenden Möwen liefern Eier, und Utsira übt eine magische Anziehungskraft aus, nicht nur heute auf mich, sondern schon immer auf wagemutige Seefahrer.

Das sehen offensichtlich die Abertausenden von Zugvögeln auch so, die im Frühjahr über das weite Meer von Schottland kommend ganz erschöpft eine Pause auf der dem Festland von Norwegen vorgelagerten Insel einlegen, bevor sie ihre Reise gen Norden fortsetzen. Im Herbst kehren sie in ihre Winterquartiere im Süden zurück und benutzen Utsira als letzte Proviantstation, während sie auf günstiges Wetter für den Weiterflug warten.

Als Dauerbewohner ziehen große Schwärme von Krähen und Möwen über die Insel, häufig mit großem Geschrei um einen Fisch streitend. Ein von allen anderen respektiertes Paar von Kolkraben lässt gelegentlich sein weit schallendes „Klong" beim Segeln über den Felswänden hören. Die Raben ziehen in ihrem Horst auf einer Felsspitze jedes Jahr, ebenso wie die Krähen in ihren zerzausten Nestern, zahlreiche Junge auf. Der Gesamtbestand an diesen Vögeln wächst allerdings auf Utsira nicht. Die Jungen werden zwar das erste Jahr von der Inselgemeinschaft geduldet, dann aber durch die Altvögel von der Insel verdrängt; sie müssen von dannen ziehen und versuchen, irgendwo auf anderen Inseln oder dem Festland ein geeignetes Lebensrevier zu finden oder gewaltsam zu erobern. Dieses Phänomen ist bei Polarfüchsen und Raubmöwen auf Spitzbergen in entsprechender Weise zu beobachten. Damit sorgt die Evolution für eine Ausbreitung der Art, wobei allerdings nur die Stärksten und Klügsten erfolgreich sein können, während die große Mehrheit der Jungen zugrunde geht.

Seit einigen Jahren versucht ein Paar von Seeadlern, sich auf Utsira anzusiedeln, bisher allerdings noch nicht erfolgreich. Die Adler kreisen über den reichen Fischgründen nahe der Insel und werden dabei häufig attackiert von wütenden Krähen und Möwen, die ganz zu Unrecht um ihre Gelege fürchten. Seeadler greifen keine jungen Vögel oder Eier, sondern vorzugsweise Fische direkt aus dem Meer. Das muss sich noch bei den Inselbewohnern herumsprechen, bevor die Adler mit ihrem eigenen Horst auf der Insel akzeptiert werden. Mir scheint allerdings, dass sie bei ihren Bemühungen um Integration Fortschritte machen.

Zusätzlich zu einem Dutzend zottiger Hochlandrinder und einigen Hundert halb wilder Schafe leben zweihundert Menschen auf Utsira in ihren relativ bescheidenen Holzhäusern, welche fast alle weiß angestrichen sind und sehr gepflegt werden. Früher, zur Zeit des Reichtums an Heringen, lebten hier mehr als doppelt so viele Einwohner bestehend aus Fischern, Seeleuten, Leuchtturmwärtern und Lotsen für die Schifffahrt längs der gefährlichen Küste von Südwest-Norwegen. Das winzige Lotsenhaus steht noch heute auf dem höchsten Berggipfel der Insel, erreichbar über steile Stiegen und Treppen eingefügt zwischen den Felsschluchten. Hier haben die Lotsen Tag und Nacht Ausschau gehalten, um vielleicht in der Ferne ein Schiff zu erspähen. In einem solchen Fall stürzte jeder Lotse in großer Eile zu seinem im Hafen wartenden kleinen Lotsenboot und versuchte auch bei starkem Wind und hohem Seegang, mit kräftigen Ruderschlägen das Schiff als erster zu erreichen. Nur dann war ihm der Lotsenlohn sicher, und die zu spät Gekommenen hatten das Nachsehen.

Heute ist das alles vorbei, nur ein paar alte knorrige Männer mit steifen Bewegungen und stoppeligen Gesichtern, durchfurcht von vielen Falten, versammeln sich alle paar Tage für ein paar Stunden in einer kleinen Holzhütte am Hafen und klönen über die alten Zeiten, ihre Erlebnisse als Seekapitäne und Fischer und über die Kriegszeiten. Im Zweiten Weltkrieg hielten deutsche Soldaten die strategisch wichtige Insel besetzt. Es wurden ein paar Geschützstellungen und Schutzbunker gebaut und im Übrigen mit den Inselbewohnern herzliche Freundschaften gepflegt. Zu Kampfhandlungen ist es abgesehen von einem englischen Fliegerangriff auf den Leuchtturm nie gekommen.

Als die Heringsschwärme plötzlich wegblieben und moderne große Fischtrawler die kleineren Fischerboote verdrängten, wanderten viele Bewohner aus und fast schien es, als ob Utsira das Los vieler heute verwaister, ehemalig erfolgreicher und von Leben pulsierender Fischerorte teilen werde. Utsira hat sich nicht unterkriegen lassen, die Menschen hier lieben ihre Insel über alles und nutzen sehr engagiert jede sich bietende Möglichkeit, Vorteile herauszuschlagen. Utsira ist heute nicht nur die kleinste selbstständige Gemeinde in ganz Norwegen, sondern auch diejenige mit dem höchsten staatlichen Subventionsbeitrag pro Einwohner. Eine Fähre verbindet die Insel täglich mit dem Festland. Die Passagiere werden allerdings häufig seekrank bei den zumeist stürmischen Überfahrten.

Die Männer von Utsira verdienen ihren Lebensunterhalt als Arbeiter auf Ölbohrtürmen in der norwegischen See, als Seeleute oder als Fischer auf großen Fischereifahrzeugen. Alle verdienen dabei sehr gut. Sie sind zwar lange von ihren Familien getrennt, aber haben dafür auch wochenlange Freizeiten. Die Frauen haben relativ viele Kinder und arbeiten zumeist in dem kleinen Altenheim, als Lehrerin in der Grundschule für die dreißig Inselkinder oder auch als Angestellte in der Gemeindeverwaltung. Jeder kennt jeden und hilft jedem, die Häuser werden grundsätzlich nicht verschlossen, Polizei gibt es nicht, und das letzte „Verbrechen" – eine zerschlagene Straßenlaterne – liegt Jahre zurück. Ein kleiner aber gut geführter Kaufladen versorgt die Gemeinschaft mit Lebensmitteln, Zeitungen und allen weiteren Gütern, welche man auf der Insel zu brauchen glaubt. Am Wochenende trifft man sich gelegentlich in einer Kneipe und tauscht Dorfneuigkeiten aus.

Dabei lernte ich den nachdenklichen Historiker Carl Eric kennen, der in Deutschland und Norwegen studiert hat, und schließlich vor ein paar Jahren nach Utsira gelangte. Hier koordiniert er per Internet die Anwerbung und den Einsatz von Ingenieuren für die Ölplattformen und Seeleute in aller Welt. Wir sitzen manchmal bei einer Flasche Wein zusammen und philosophieren bis tief in die Nacht über den Lauf der Zeit. Carl Eric beobachtet und analysiert die politischen und wirtschaftlichen Gegebenheiten aus historischer Sicht, und ich glaube, durch unsere anregenden Gespräche ein tieferes Verständnis für die umwälzenden Entwicklungen in der modernen Welt zu gewinnen.

In diesem kleinen Paradies bin ich nun gelandet mit dem festen Entschluss, auch zu bleiben. In den vergangenen Jahren habe ich Utsira regelmäßig mit meinem Segelschiff auf den Fahrten nach Spitzbergen oder Island angelaufen. Jedes Mal, nach langer Fahrt von Hamburg über die Nordsee und das Skagerrak, habe ich diese kleine mitten im Meer gelegene Insel als ein wunderschönes Paradies empfunden. Die Vogelschwärme, blühenden Wiesen, zwischen den Felsen grasenden Schafe und die freundlichen bodenständigen Menschen haben es mir angetan, und die Sehnsucht wuchs, mich hier später nach Abschluss meiner abenteuerlichen Fahrten niederzulassen. Das ist allerdings nicht so einfach. Das Land und die verstreut liegenden idyllisch anmutenden Holzhäuser sind in fester Hand einiger weniger auf Utsira ansässiger Familien, die ihre Besitztümer bewahren wollen und nur selten bereit sind, eines ihrer Häuser an einen Fremden zu verkaufen.

Ich hatte die Hoffnung beinahe aufgegeben, mich hier auf Utsira ansiedeln zu können. Dann aber, während meines traditionellen Zwischenhalts im Sommer 2010 auf dem Wege zu meiner letzten Expedition nach Spitzbergen, kam ich mit dem alten Seemann und Fischer Magne ins Gespräch. Wir waren uns sofort sympathisch und plauderten lange über unsere Erlebnisse auf den Färöern, Island und Spitzbergen, wo Magne auf Fischtrawlern gearbeitet hatte. Schließlich hatte ich wohl die Aufnahmeprüfung als neuer Utsira-Einwohner bestanden und war zwei Tage später der glückliche Besitzer eines alten Fischerhäuschens. Zufrieden setzte ich meine Fahrt nach Spitzbergen fort und freute mich während der langen finsteren Polarnacht auf mein neues Heim, gelegen mitten im Meer ohne Eis, ohne Eisbären und ohne die barbarische Kälte.

Sörhus – unter diesem Namen kennt jeder Inselbewohner das weiß gestrichene, mit Schieferplatten gedeckte, einhundertdreißig Jahre alte Holzhäuschen im äußersten Süden der Insel zwischen Felsbuckeln gelegen. In diesem Haus haben viele Generationen von Fischerfamilien gehaust, wurden zahlreiche Kinder aufgezogen, und fast alle Inselbewohner sind heutzutage mehr oder weniger verwandt oder verschwägert mit den ehemaligen Hausbewohnern. Ich kriege viele alte Geschichten über die Vorkommnisse in meinem Haus zu hören, und man fragt mich oft, ob ich bereits Bekanntschaft mit dem im Sörhus umgehenden Geist gemacht hätte.

Das sei die uralte Frau Gina, die hier im Haus mit ihren sieben Schwestern aufgewachsen war und viele Jahre in meinem jetzigen kleinen Wohnzimmer eine Kaffeestube betrieben hatte, für die damals zahlreichen nach Utsira segelnden Heringsfischer. Gina war eine kleine, sehr resolute Frau, mit der nicht gut Kirschen essen war. Offensichtlich mag sie mich; wir vertragen uns gut miteinander, und ich höre sie manchmal nachts im Haus herumschlurfen und an den Türen rütteln.

Ich freue mich, so ein altes Haus mit Vergangenheit und Atmosphäre bewohnen zu dürfen. Es ist mir viel lieber als ein moderner Bau mit dem heute üblichen Komfort. Ich brauche keine Waschmaschine, Kühlschrank, Zentralheizung, Fernseher oder Internet-Anschluss. Den kleinen Ofen heize ich mit selbst gehacktem Holz, Nachrichten aus aller Welt höre ich mit meinem alten Weltempfänger, Kartoffeln und Gemüse baue ich in meinem Garten an, und bei Bedarf angele ich ein paar Dorsche gleich vor der Haustür. Im übrigen stimme ich dem weisen Sokrates zu, der vor zweitausendundvierhundert Jahren gesagt hat: „Wie viele Dinge es doch gibt, die ich nicht brauche".

Allerdings besitze ich einen großen Schatz in Form meiner im Laufe des Lebens angesammelten vielen Bücher, die für mich ein Quell von Unterhaltung und tiefsinnigen Gedanken bedeuten. Besonders die philosophischen Werke von Thales, Demokrit, Aristoteles und Sokrates bis hin zu Descartes, Spinoza, Kant, Nietzsche, Sartre und Heidegger empfinde ich als faszinierend, und sie lassen mich darüber grübeln, welche Antworten die Philosophen zu der Frage nach dem Wesen des Mensch-Seins anbieten. Welchen Einfluss auf die Philosophie hatten und haben die naturwissenschaftlichen Erkenntnisse über die Entstehung der Welt und das Leben? Erkenntnisse, die in den letzten fünfzig bis einhundert Jahren explosionsartig zugenommen haben. Wo ist Gott in der Welt zu finden? Worauf ist die menschliche Moral zurückzuführen? Was unterscheidet die Menschen von Tieren?

Häufig sitze ich bis tief in die Nacht in meinem mit Rentierfellen ausgepolsterten Lehnstuhl, rauche eine Pfeife und vertiefe mich in die Ideen der großen Denker. Irgendwann steht dann mein Hund Hey, den ich aus Spitzbergen mitgebracht habe, schweifwedelnd vor mir, legt seine Pfote auf die Armlehne und fordert mich damit unmissverständlich auf, endlich mit ihm einen letzten nächtlichen Rundgang vorbei an den vom Meer überspülten Uferfelsen zu unternehmen. Danach krieche ich in meinen bereits vielfach in Spitzbergen bewährten Schlafsack, lausche auf die um das Haus tosenden Sturmwinde, spüre das Beben und Knacken im alten Holzgebälk und verliere mich in Gedanken über die Entstehung der Welt und das Wesen des Menschen.

5. Gott, Urknall und Mensch

Als Physiker habe ich die in neuerer Zeit die gewaltige Zunahme naturwissenschaftlicher Erkenntnisse hautnah miterlebt, insbesondere hinsichtlich der Entstehung der Welt und des Beginns des Lebens. Es scheint mir, dass die Menschheit dem bereits vor zweitausendsechshundert Jahren von dem Philosophen Thales von Milet gesuchten Urgrund allen Seins in den vergangenen Jahrzehnten näher gekommen ist durch die Vorstellung über den Urknall als dem Beginn der Welt sowie die Kenntnisse über den Aufbau der DNS. Vor dem Urknall gab es Nichts auf der Welt, ja eigentlich viel schlimmer, weder ein Nichts noch eine Welt, keine Zeit, keinen Raum, keine Materie, einfach unvorstellbar. Physiker nennen so etwas eine Singularität. Dann, vor 13,7 Milliarden Jahren machte es „Ping", und die ganze Welt explodierte förmlich aus dem Urknall heraus und entfaltete sich rasend schnell. Es wurden die Zeit, der Raum und die ganze Materie hervorgezaubert, alle heute am Himmel stehenden Sterne und auch unsere Erde – ein wahrhaft göttlicher Schöpfungsakt!

In dem Gottesbeweis des Bischofs Anselm von Canterbury hat dieser bereits vor tausend Jahren Gott definiert als das, worüber nichts Größeres gedacht werden kann, ja sogar worüber überhaupt nicht mehr nachgedacht werden kann. Damit hat der gläubige Philosoph die von den Physikern angenommene Singularität vor dem Urknall unwissentlich klar beschrieben. Als Physiker glaube ich, in dem Schöpfungsakt des Urknalls und der sich daraus entwickelnden vielfältigen Welt Gott zu erkennen. Dabei fühle ich mich in guter Gesellschaft mit dem holländisch-jüdischen Philosophen Spinoza, der um das Jahr 1650 erkannte: „natura naturans". Das heißt, Gott ist Grund der Welt und Inbegriff aller Dinge, welche mit Sicherheit aus dem Wesen Gottes folgen.

Während des Urknalls wurden alle Elementarteilchen geboren, das ist eine muntere Schar von Quarks, Hadrionen, Elektronen, Positronen und Neutrinos. Diese miteinander schnatternden Gesellen – Physiker sprechen von Wechselwirkungen – haben später alle Atome, Moleküle, Materie, Sterne und letztlich auch das Leben und uns Menschen auf der Erde aufgebaut. Die wesentlichen Bausteine allen Lebens, die DNS-Strukturen und die damit gegebenen Gene, sind nichts anderes als aus chemischen Elementen und letztlich aus Elementarteilchen hervorgegangene, ziemlich komplizierte Gebilde. Diese aufregende Entdeckung machten vor sechzig Jahren die Nobelpreisträger Crick und Watson.

Deshalb sollte es nicht überraschen, dass sich das Verhalten der Elementarteilchen und ihre Art miteinander zu kommunizieren in den Genen und folgerichtig auch im Verhalten aller Lebewesen wiederfinden. Von ihren Instinkten gesteuert töten Tiere im Allgemeinen nicht ihre Artgenossen, sie respektieren deren Reviere und sie verkehren ehrlich und nach zuverlässig befolgten Regeln miteinander. Genau diese fundamentalen Verhaltensregeln gelten im Prinzip genauso für alle Elementarteilchen, darauf beruhen die Existenz und die Gesetzmäßigkeiten der gesamten Welt. Elementarteilchen vernichten niemals ihre Artgenossen und halten sich absolut zuverlässig und „ehrlich" an die physikalischen Gesetze. Dazu gehört auch die Respektierung der „Reviere", nämlich der Kraft- und Strahlungsfelder der Teilchen. Natürlich geschieht das alles ohne einen Willen oder gar Absicht der unbelebten Materie.

Es ist verblüffend, dass diese im Wesen der Materie begründeten Eigenschaften und physikalischen Gesetzmäßigkeiten auch in wesentlichen Inhalten in den von Moses verkündeten Zehn Geboten in Erscheinung treten: „Du sollst Gottes Gesetze respektieren und dich danach verhalten. Du sollst keine Menschen töten. Du sollst das Revier deiner Mitmenschen respektieren und ehrlich handeln!"

Dies sind zwar nur Gebote an den denkenden und bewussten Menschen, welche von diesem befolgt oder aber auch missachtet werden können. Aber sie drücken die von den Menschen bereits in grauer Vorzeit als wesentlich empfundenen „gottgegebenen" Grundwahrheiten aus.

Darüber hinaus findet sich das physikalische Verhalten unbelebter Materie wieder in einigen für den Menschen und seine Gesellschaften als typisch angesehenen Eigenschaften und Verhaltensweisen. Das gilt zum Beispiel für Erscheinungen wie Fremdenfeindlichkeit, Toleranz, Altruismus und Demokratie, welche nicht nur in menschlichen Gesellschaften, sondern in ähnlicher Weise auch in Tierpopulationen, natürlich ohne entsprechende freie Willensentscheidungen, beobachtet werden können.

In einem wachsenden Kristallgitter, zum Beispiel von Eis, werden keine Verunreinigungen oder Fremdatome geduldet beziehungsweise in das Gitter eingebaut, sondern sie werden gnadenlos an den Rand des Kristalls gedrängt und ausgeschieden. Kristalle verhalten sich demnach nach menschlichen Maßstäben grundsätzlich fremdenfeindlich, genauso wie das auch Bienenvölker tun. Bestimmte Werkstoffe verhalten sich tolerant gegenüber mechanischen Spannungen, sie heilen selbstständig auftretende Risse im Material und verhindern eine mechanische Zerstörung, so ähnlich wie auf Utsira auch die Krähen- und Möwenschwärme tolerant miteinander umgehen. Aluminium überzieht seine Oberfläche bei dem Angriff von Sauerstoff in Luft oder Wasser mit einer dünnen Schicht von schützendem Aluminiumoxid. Durch die Aufopferung einer kleinen Menge Aluminiums von der Oberfläche wird somit in altruistischer Weise die Hauptmenge des Materials vor der Zerstörung bewahrt. Dieses Phänomen kann auch bei Termiten, Bienenvölkern und sogar Bakterienkulturen beobachtet werden. Ein Massekörper, auf den aus verschiedenen Richtungen unterschiedlich starke Kräfte einwirken, bewegt sich in einer gewissermaßen demo-kratischen Weise in Richtung der resultierenden Kraft, wobei alle einwirkenden Kräfte angemessen berücksichtigt werden. Physiker bezeichnen dieses Phänomen als „Superpositionsprinzip". Ein ver-gleichbares demokratisches Verhalten kann auch bei den Abstim-mungen im Bienenschwarm beobachtet werden. Diese Beispiele mögen verdeutlichen, dass die fundamentalen Gesetze unbelebter Materie nicht nur den materiellen Aufbau lebender Wesen, sondern auch das instinktive unbewusste Verhaltensmuster von Tieren und in gewisser Weise auch von Menschen zu beeinflussen scheinen.

Es ist unbestreitbar, dass die von mir unter dem Mikroskop beobach-tete unbelebte Welt im Meereis von Spitzbergen allein auf physika-lischen Gesetzmäßigkeiten in Verbindung mit Atomen und Molekü-len beruht. Weiterhin ist es jedem modernen Biologen verständlich, dass die Vielfalt und Schönheit einer Blumenwiese, wie sie sich vor meiner Tür am Sörhus ausbreitet, auf das physikalische, chemische und biologische Verhalten der Materie und die herrschenden Klima-bedingungen sowie die Bodenbeschaffenheit zurückgeführt werden können. In ähnlicher Weise, wie sich die Blumenwiese entwickel-te, haben sich auch Menschen und unterschiedliche menschliche Kulturen im Laufe von langen Zeiträumen in einer evolutionären Entwicklung herausgebildet, basierend auf den Grundgesetzen der Materie und letztendlich der Elementarteilchen.

Natürlich sind Menschen und menschliche Gesellschaften weder nur ein Haufen von Elementarteilchen noch eine blühende Blumen-wiese oder von Instinkten gesteuerte Tiere, aber das Mensch-Sein wird trotzdem von den Gesetzen unbelebter Materie und den im tie-fen Unterbewusstsein schlummernden Urgründen beeinflusst, und das vielleicht stärker, als der Mensch wahr haben möchte. Men-schen sind allerdings ganz besondere Lebewesen. Sie besitzen zwar natürlich gegebene Körperfunktionen und Instinkte, welche denen mancher Tiere sehr ähnlich sind, aber sie haben darüber hinausgehend Fähigkeiten, welche in der hohen Leistungsfähigkeit des menschlichen Gehirns begründet sind. Dazu zählen vor allem ein dem gegenüber Tieren besser ausgeprägtes und während der Evolution entwickeltes Denkvermögen verbunden mit der Entstehung des eigenen Bewusstseins und darüber hinaus die gut ausgebildete Sprachfähigkeit, welche die Weitergabe von Erfahrungen an andere Menschen und die Entwicklung komplizierter Gedankengänge ermöglicht.

Aufgrund dieser dem Menschen vorbehaltenen Fähigkeiten kann ein Mensch gegen die Vorgaben und Anweisungen der ihm innewohnenden Instinkte und Gefühle handeln beziehungsweise sie in vernünftiger Weise gegeneinander abwägen und zügeln. Der Mensch kann sich im Gegensatz zum Tier „beherrschen", und er kann über seine Handlungsweise entscheiden. Vereinfacht ausgedrückt, ist der Mensch dadurch ein von zwei unterschiedlichen geistigen Welten beeinflusstes bipolares Wesen. Einerseits wird der Mensch von seinen Gefühlen und Instinkten in einer ihm zumeist unbewussten aber manchmal sehr machtvollen Weise gesteuert, und andererseits ist sein Handeln zuweilen hauptsächlich auf Vernunft und klare Denkvorgänge gestützt. So glaubt er zumindest.

Die zwei ungleichen und manipulierbaren Seelen in der Brust des Menschen zeigen sich gelegentlich auch bei seiner Bewertung öffentlicher Nachrichten: eine sachliche Meldung über eintausend Tote anlässlich einer Katastrophe oder kriegerischen Auseinandersetzung in einem fernen Land wird häufig ziemlich nüchtern und teilnahmslos zur Kenntnis genommen. Dagegen löst ein einziges Bild eines effektvoll fotografierten weinenden Kindes eine Welle von Hilfsbereitschaft oder auch Empörung mit politischen Konsequenzen aus.

Die Bipolarität meines eigenen Ichs habe ich selbst in den unterschiedlichen Lebensphasen als Wissenschaftler im Labor, als Mensch in der wilden Natur und schließlich als Verantwortungsträger in einer großen Institution deutlich erfahren.

Während meiner Zeiten als einsamer Mensch bin ich der Gefühls- und Denkwelt von Tieren nahe gekommen, ganz ohne störende oder ablenkende Einflüsse anderer Menschen. Im Unterschied dazu habe ich mit Marie zu zweit ebenfalls lange Zeiten auf Spitzbergen in unberührter Natur mit wilden Tieren zugebracht, und ich habe dabei weitere Komponenten des Mensch-Seins erfahren. Dazu gehören Zuneigung, Verantwortungsgefühl für den Mitmenschen, Freude über gemeinsam erlebte Abenteuer, Sorgen um die Zukunft und Gedankenaustausch über Ideen und unterschiedliche Vorstellungen. So etwas habe ich als einzelner Mensch nicht empfunden. Offensichtlich benötigt ein Mensch die Gesellschaft anderer Menschen, um die in ihm vorhandenen geistigen Möglichkeiten und Gefühle zum Vorschein kommen zu lassen.

Auf der Insel Utsira lebe ich in einer zwar kleinen, aber immerhin von zweihundert Menschen zusammengesetzten menschlichen Gemeinschaft. Obgleich die Nähe zum stürmischen Meer, der wilden Felslandschaft, den vielen Seevögeln und dem rauen Wetter Tag und Nacht spürbar ist, macht sich der Einfluss der durch Vernunft geprägten Gedankenwelt der Menschen deutlich bemerkbar. Man muss sich im täglichen Leben an die von Menschen gemachten Regeln halten, auch wenn sie gelegentlich als unsinnig erscheinen. Man muss Rücksicht nehmen auf die Empfindungen der Mitmenschen, Worte sind vorsichtig zu verwenden, um Missverständnisse und Kränkungen zu vermeiden, und man benötigt natürlich Geld. Man verhält sich, auch was die eigene Kleidung betrifft, manchmal so, wie man von den anderen Menschen wahrgenommen werden möchte. Man ist nicht mehr so offen und ehrlich wie ein Tier in der Natur, sondern man verkleidet sich gewissermaßen und ist auf seine Außenwirkung auf andere Menschen bedacht. Trotz dieser durch Vernunft und Denken bestimmten Einflüsse ist das zwischenmenschliche Verhalten auf Utsira, eingebettet in einer rauen Natur, im Unterschied zu dem in urbanen Gesellschaften noch sehr offen, herzlich und ehrlich.

Schließlich habe ich während meiner Tätigkeit als Universitätspräsident in Hamburg-Harburg fast ausschließlich in einer urbanen und durch Vernunft geprägten Gedankenwelt gelebt und mich dabei von dem zweiten Pol in der Geisteswelt der Menschen, der vom Instinkt gesteuerten Gefühlswelt, weit entfernt. Politische Entscheidungen, Diskussionen über Forschungsprojekte und Lehrpläne, Auseinandersetzungen um die Zuteilung finanzieller Mittel, Einstellungen oder Entlassungen von Mitarbeitern – das alles erforderte ein wohlüberlegtes Vorgehen in Verbindung mit einer von Vernunft getragenen Folgenabschätzung der getroffenen Entscheidungen. Instinktgesteuerte Gefühle oder auch moralische Gesichtspunkte spielten dabei eine eher untergeordnete Rolle, und die kühl analysierte Faktenlage und politisch gewollte Entwicklung bestimmten das Vorgehen. Rein äußerlich wurde das auch an meiner Kleidung erkennbar. Als Präsident konnte ich natürlich nicht wie ein einsamer Robbenjäger mit blutverschmierten und durch Rentierhaare beschmutzten, dafür aber praktischen Hosen und Pullovern herumlaufen, sondern musste mit dem von mir ungeliebten Schlips und Jackett verkleidet würdig einherschreiten.

Die Entwicklung oder auch Verwandlung eines Menschen von dem Zustand eines vom Instinkt gesteuerten Tieres hin zu einem vernunftbegabten, denkenden und verantwortungsbewusst handelnden Wesen kann verglichen werden mit der Veränderung der Navigationsmethoden eines Seefahrers, der sein Schiff zunächst in tiefer

Dunkelheit und dann später bei zunehmendem Tageslicht steuert. Nachts ist die Navigation an mit Leuchttürmen ausgestatteten Küsten, zum Beispiel in den verwinkelten Meeresbuchten Norwegens, sehr einfach. Das Schiff wird lediglich von einem Leuchtturm zum nächsten gesteuert. Dabei hält man jeweils genau auf den weißen Lichtschein zu. Falls der Steuermann dabei vom Kurs abkommt und Gefahr läuft, auf Untiefen neben der sicheren Fahrrinne zu treffen, gerät das Schiff in die grünen und roten Lichtscheine der sogenannten Sektorfeuer, welche den weißen Lichtstrahl des Leuchtturms rechts und links eingrenzen. Bei der notwendigen Kurskorrektur wird ohne Überlegung lediglich den Farben der Lichter gefolgt. Die möglicherweise dicht neben dem Schiff in der Dunkelheit nicht sichtbaren gefährlichen Felsinseln werden von dem Steuermann dabei gar nicht beachtet, er blickt lediglich zu dem farbigen Licht und richtet sich danach. Ein von Instinkten gesteuertes Tier oder ein in der Wildnis lebender primitiver Mensch verhält sich ähnlich wie ein von Leuchtfeuern geführtes Schiff in dunkler Nacht.

Wenn die Dämmerung anbricht, wird die Navigation schwieriger. Die Lichtsignale der Leuchtfeuer verblassen, darüber hinaus wird der Steuermann durch die Brandung an den Felsen rechts und links vom Schiff irritiert und beunruhigt. Er nimmt die zuvor nicht benötigte Seekarte zur Hand, versucht sich zu orientieren, findet schließlich auf der Karte seinen Schiffsort und ist beruhigt, dass die Leuchtfeuer trotz zunehmender Helligkeit noch einigermaßen erkennbar sind und die Richtigkeit seines Kurses bestätigen.

Dann wird es taghell, die Leuchtfeuer werden automatisch ausgeschaltet, und die Schiffe müssen nach Karte und Kompass navigieren. Dazu wird zunächst auf dem Schiff die für das Seegebiet passende Seekarte herausgesucht; diese muss mit allen Symbolen und Eintragungen richtig gelesen und verstanden werden. Danach wird die sichtbare Landschaft aufmerksam gemustert und den Darstellungen auf der Seekarte zugeordnet. Schließlich werden der eigene Schiffsort und der gewünschte Kurs in die Seekarte einge- tragen. Die entsprechende Kursrichtung wird der Seekarte entnom- men und mittels des Kompasses am Steuer des Schiffs eingehalten.

Die verschiedenen notwendigen Schritte während der Navigati- on mit Tageslicht laufen in ähnlicher Weise ab bei einem vernünf- tigen Menschen, der sich nicht auf seine Instinkte verlassen kann oder will und eine Entscheidung treffen muss. Er greift dabei auf seine Erfahrung und das Wissen anderer zurück. Dann versucht er, sich ein Bild von der Wirklichkeit zu machen unter Verwendung aller erforderlichen Informationen. Er vergleicht die Wirklichkeit mit seiner Erfahrung, findet seinen Standpunkt und trifft eine Ent- scheidung für sein Vorgehen.

Ähnlich wie das heraufdämmernde Tageslicht die Leuchtfeuer verblassen lässt, so treten die zuvor dominanten Instinkte zurück in einem Wesen, dessen Vernunft und Intelligenz die Wirklichkeit immer heller und deutlicher erkennbar machen. Der Mensch mit seiner Bipolarität zwischen instinktgesteuerten Gefühlen und ver- nünftigem Denken handelt wie ein Steuermann, der seinen Kurs mittels der Leuchtfeuer und der Seekarten steuert. Trotz aller Sorg- falt bei der Navigationsarbeit auf der Seekarte ist der Steuermann doch erleichtert, hin und wieder auch bei hellem Tageslicht die Konturen eines Leuchtturms zu erkennen, der ihm seinen Schiffs- kurs verlässlich bestätigt. Ähnlich fühlt sich ein Mensch, wenn er seine vernünftige, sorgsam durchdachte Entscheidung mit seinem Gewissen vereinbaren kann.

In neuerer Zeit wird die Schiffsnavigation durch elektronische Hilfsmittel sehr vereinfacht. Eigentlich braucht sich dabei der Steu- ermann überhaupt nicht mehr auf der Kommandobrücke aufzuhal- ten, um die Landkonturen zu beobachten und sein Schiff zu steuern. Er könnte stattdessen bequem vor einem Bildschirm sitzen und die vom Rechner schön farbig gestaltete elektronische Seekarte mit seinem über Satellitennavigation automatisch angezeigten Schiffsort betrachten. Der Steuermann braucht persönlich auch gar nicht mehr zu steuern, sondern könnte dies einem Computerprogramm überlassen. Tatsächlich werden derartige Hilfsmittel von einigen Seefahrern in unvernünftiger Weise genutzt unter Missachtung guter Seemannschaft. Ein verantwortungsbewusster Steuermann darf sich nicht nur auf vom Computer gesteuerte Entscheidungen verlassen, sondern er gehört auf die Brücke seines Schiffs, und er muss mit seinen eigenen Augen die reale Situation wahrnehmen und danach handeln.

Eine ähnliche wie bei der computergesteuerten Schiffsführung problematische Fehlentwicklung lässt sich in neuerer Zeit bei dem Gebaren globaler Finanzmärkte beobachten. Die eigentlich für das Geschehen verantwortlichen Menschen überlassen die Steuerung der Geldströme hocheffizienten Rechnerprogrammen. Sie ignorieren dabei moralische Gesichtspunkte und verabschieden sich gleichzeitig von ihrer Pflicht, als Mensch zu handeln. Diese Menschen verhalten sich ähnlich wie ein Steuermann, der die Kommandobrücke seines Schiffs verlässt und dabei der Zuverlässigkeit der elektronischen Geräte und Computerprogramme vertraut.

Was bedeutet es also, ein Mensch zu sein? Auf der einen Seite verhält sich ein Mensch zuweilen wie ein Tier; er benimmt sich besonders in der natürlichen Wildnis ziemlich ehrlich und der Natur angepasst, ähnlich wie die Seevögel und Eisbären. Er verlässt sich bei seinen Entscheidungen auf seine vom Instinkt gesteuerten Gefühle und hört dabei auf sein moralisches Gewissen, welches ihn bei seinem Handeln berät oder auch tadelt. Dabei gleicht der tief im Menschen verankerte Moralkodex demjenigen der Tiere und spiegelt die der unbelebten Materie von Anfang an beigegebenen Verhaltensregeln wieder. Ein Dilemma kann dabei daraus erwachsen, dass der natürlich gegebene Moralkodex nicht unbedingt übereinstimmt mit der von der modernen Gesellschaft erwarteten moralischen Verhaltensweise der Menschen. Der sogenannte Zeitgeist bewirkt dabei, dass ein Teil der „natürlichen" Instinkte und Gefühle als weniger „richtig" empfunden wird und durch einen von menschlichen Gesellschaften oder auch Kulturen entwickelten alternativen Moralkodex ersetzt wird.

Auf der anderen Seite ist ein Mensch besonders in einer zivilisierten Umgebung zuweilen ein eher durch Denken und Vernunft geprägtes Wesen. Er vermag fast wie ein Computer, Wissen anzusammeln, Erfahrungen weiterzugeben, Wissenschaft zu betreiben und in überlegter Weise menschliche Gesellschaften aufzubauen. Er hat dabei im Unterschied zum Tier die Freiheit, gegen seine Gefühle und gegen seine Instinkte zu handeln. Daraus können verantwortliches Handeln, aber auch zwar vernünftige aber kalte und gefühllose Entscheidungen erwachsen.

Von René Descartes stammt die Definition des Mensch-Seins: „Cogito, ergo sum". Das heißt, wenn ich denke, bin ich ein Mensch. Bei dieser Definition findet die erste Seite des Menschen wenig Beachtung, nämlich die Fähigkeit und damit die Verpflichtung, auch auf seine Gefühle und sein Gewissen zu hören. Zum Menschen gehören Denken und Fühlen. Der weise König Salomo hat sich bereits vor dreitausend Jahren ein hörendes Herz gewünscht, um die richtigen Entscheidungen zu finden.

Als Richtungsweiser für die Handlungsweise eines Menschen ist der von Immanuel Kant formulierte kategorische Imperativ bekannt: „Handle so, dass die Maxime deiner Handlung zu einem allgemeinen Gesetz werden kann!" Diese Aufforderung könnte vielleicht ergänzt werden durch die Definition einer allgemeinen Menschenpflicht, gewissermaßen als Zwillingsbruder zu den wohl bekannten universellen Menschenrechten: „Der Mensch ist verpflichtet, nach bestem Wissen und Gewissen zu handeln."

An ein tiersches Wesen gerichtet, wäre diese Forderung unsinnig, welche deshalb als Alleinstellungsmerkmal zur Definition des Mensch-Seins beitragen kann. Die Überprüfung der Einhaltung der hier genannten Menschenpflicht kann im konkreten Einzelfall schwierig sein, und es müssen zuvor einige grundsätzliche Fragen geklärt werden.

Was ist das „beste Wissen"? Ist es das Wissen, welches man sich unter den gegebenen Umständen und unter Ausschöpfung aller möglichen Wissensquellen aneignen könnte? In strafrechtlichem Zusammenhang gilt der Grundsatz: „Nicht Wissen schützt vor Strafe nicht!" Inwieweit lässt sich diese kategorische Feststellung auf jede verantwortungsbewusst getroffene Entscheidung anwenden?

Der Begriff „Gewissen" beschreibt keineswegs in detaillierter Weise die inhaltliche Ausgestaltung der in jedem verantwortungsbewusst und gewissenhaft handelnden Menschen vorhandenen Instanz zur Beurteilung seines Handelns. Das persönliche Gewissen ist unter anderem geprägt durch die genossene Erziehung des Individiums, das kulturelle Umfeld und den herrschenden Zeitgeist. Daher ist die vollständige und inhaltlich genau beschriebene Ausgestaltung des Gewissens kaum allgemeingültig zu formulieren. Allerdings lässt sich klar erkennen, wenn sich im Menschen überhaupt kein Gewissen regt. Man spricht dann von einer gewissenlosen Entscheidung. Sicherlich bedarf es umfänglicher Diskussionen, um den absoluten, in jedem Menschen vorhandenen Kern des Gewissens zu beschreiben. Einen Hinweis auf diesen Kern könnten vielleicht einige der in den Zehn Geboten von Moses definierten

Forderungen liefern, welche letztendlich auf den aller Materie innewohnenden „gottgegebenen Grundregeln" beruhen.

Während meines einsamen Lebens in der wilden Natur habe ich
eigentlich niemals um eine richtige Entscheidung mittels komplizierter Überlegungen ringen müssen. Alles war ganz klar, und die
aus der jeweiligen Situation erwachsene Handlungsweise selbstverständlich. Wenn ich draußen zwischen den Eisblöcken einem
Eisbären begegnete, habe ich mich intuitiv angemessen verhalten,
genauso wie in einem bedrohlichen Sturm auf meinem von Wellen gebeutelten Schiff. Meine Handlungsweise war nicht von ab-
wägenden Gedanken bestimmt, sondern durch Gefühle und vielleicht auch von den früher gemachten Erfahrungen geprägt.

Eine ähnlich klare Zuordnung zu dem anderen Pol des Mensch-
seins – der durch nüchterndes Denken und Vernunft geprägten
Gedankenwelt – habe ich bei der wissenschaftlichen Arbeit als
Forscher erfahren. Beim sorgfältigen Auswerten von Messreihen
oder bei der wissenschaftlichen Beurteilung von Forschungser-
gebnissen spielen Gefühle oder gar Instinkte nur in ganz seltenen Fällen eine Rolle. Allerdings sind derartige durch Verstand
und abstraktes Denken hervorgebrachte Ergebnisse häufig nicht
vom Rest der Welt als isoliert zu betrachtende, gewissermaßen
moralisch über alle Zweifel erhabene Ereignisse. Es können Fragen aufkommen, ob der weiterführende Gebrauch des Verstan-
des und die Fortsetzung entsprechender Forschungsarbeiten mit
den erwartenden Ergebnissen moralisch gerechtfertigt sind oder
zu unerwünschten und vielleicht sogar gefährlichen und „unmo-
ralischen" Auswirkungen in der menschlichen Gesellschaft oder
auch in der Natur führen könnten. Die daraus für einen Forscher
erwachsenden Konflikte wurden von Friedrich Dürrenmatt in dem
Drama „Die Physiker" thematisiert.

Über die persönliche Verantwortung eines denkenden Menschens, insbesondere eines natur- und ingenieurwissenschaftlichen Forschers für seine Forschungsergebnisse wird an Universitäten seit langem diskutiert. An der Technischen Universität Hamburg-Harburg wurde bereits vor zwanzig Jahren eine Professur zur „Technikfolgenabschätzung" eingerichtet. Ich bin allerdings etwas skeptisch gegenüber der Installation eines gewissermaßen institutionalisierten kollektiven Gewissens zur Überwachung der Forschungsarbeiten einzelner Wissenschaftler. Ich neige zu der Auffassung, dass jeder einzelne denkende Mensch und insbesondere auch die Forscher an wissenschaftlichen Instituten die Verantwortung für ihr Handeln und die daraus möglicherweise erwachsenden Konsequenzen persönlich selbst übernehmen müssen. Sie sind verpflichtet, sich bei gewissen Entscheidungsprozessen über die Folgen klar zu sein und müssen bereit sein, ihre Entscheidung öffentlich zu rechtfertigen.

Zuweilen, obgleich die Verantwortungsträger vermutlich davon überzeugt waren, nach bestem Wissen und Gewissen entschieden zu haben, kam es in der Natur bereits mehrfach zu unerwünschten Auswirkungen. So habe ich zum Beispiel in Island üppig wuchernde, riesig ausgedehnte Felder von Lupinen beobachtet, welche die ortsübliche sehr empfindliche, aber vielfältige Vegetation systematisch erdrücken und zum Verschwinden bringen. Die auf Island nicht heimischen Lupinen wurden vor einigen Jahren bewusst angepflanzt, um, wie kluge Wissenschaftler meinten, die Fruchtbarkeit der auf Island kargen Böden zu verbessern. Jetzt ist man über den „Erfolg" der Aktion etwas ratlos. Ähnlich erging es einem in Norwegen vor über zwanzig Jahren initiierten Programm zum verstärkten Ansiedeln von Wald. Die Aktion wurde durch den Staat finanziell unterstützt. Viele Landbesitzer pflanzten daraufhin eine besonders rasch wachsende amerikanische Fichtenart an, um auch noch möglichst viel Geld mit dem Holz zu verdienen. Diese Fichte wuchert sehr lebhaft auch auf allen felsigen Inseln und verdrängt die zuvor vorhandene charakteristische vielfältige Vegetation. Derartige Fehler sind sehr schwer oder aber auch gar nicht zu korrigieren. Sie beruhen zumeist darauf, dass der Mensch oft ein gegenüber der Natur nahezu arrogantes Verhalten an den Tag legt und sich auf sein vermeintlich unfehlbares Wissen verlässt.

Diese Beispiele verdeutlichen, dass die Findung der „richtigen" Entscheidung gelegentlich ein mühsamer und umstrittener Vorgang mit einem zuweilen unbefriedigenden Ergebnis werden kann. Die Auseinandersetzung zwischen den eigenen Gefühlen und vernunftgeprägten Gedanken und zusätzlich auch noch die angemessene Berücksichtigung der Vorstellung anderer Menschen zu einer Entscheidung können recht schwierig sein. So hatte ich persönlich zwar einerseits den ausgeprägten Wunsch nach abenteuerlichen Seereisen und einsamen Polarexpeditionen, den ich schließlich auch mit vernünftigen Argumenten und systematisch durchgeführten Vorbereitungen fast etwas rücksichtslos realisiert habe, andererseits aber fand diese Handlungsweise verständlicherweise nicht die uneingeschränkte Zustimmung einiger meiner Familienangehörigen. Daraus kann ein tief empfundenes Dilemma mit Enttäuschungen und schmerzhaften persönlichen Erfahrungen erwachsen. Aber es gehört wohl in einer fast tragischen Weise zum Menschsein, dass schwierige Entscheidungen über den einzuschlagenden Weg unweigerlich auch zu inneren Konflikten mit nachfolgenden Gewissensbissen führen.

Der Mensch ist kein Tier, welches seinem klar von den Signalen der Leuchttürme festgelegten Kurs wie ein Seemann bei dunkler Nacht folgt, sondern ein im Dämmerlicht suchendes und zwischen unterschiedlichen Richtungsgebern herumirrendes Wesen. Die Forderung an den Menschen „nach bestem Wissen und Gewissen" zu handeln gibt zwar eine allgemeine Richtung vor, aber sie kann nicht als detaillierte Wegkarte für alle verantwortungsbewusst zu treffenden Einzelentscheidungen dienen.

Epilog

Rückblickend auf das bunte Bilderbuch seines Lebens mit all den schönen, schrecklichen, traurigen, beglückenden, langweiligen, beschämenden, einmaligen, abstoßenden, peinlichen, egoistischen, herzlichen und lieblosen Episoden mag sich mancher Mensch fragen: Was sollte das alles eigentlich? Wozu hat man sich so abgerackert, hat gehofft, gelitten, gesiegt, verloren und schließlich resigniert? Hat sich das gelohnt? Würde man im nächsten Leben alles wieder so machen? Wahrscheinlich nicht. Zwar würde man offensichtlich begangene Fehler zu vermeiden suchen und überhaupt alles besser machen wollen. So ähnlich, wie mancher die Fehler seiner eigenen Eltern sehr klar zu erkennen vermeint und sich ungerechtfertigt einbildet, seine eigenen Kinder natürlich viel besser aufzuziehen. Die Bilanz des ein zweites Mal geführten Lebens würde vermutlich nicht besser ausfallen als beim ersten Versuch. Wir würden andere Fehler machen und anderen Irrtümern erliegen. Wir würden erneut trügerischen Verlockungen und einem neuen Zeitgeist hinterherlaufen, trotz unseres vermeintlich so guten Denkvermögens und der sorgfältigen Speicherung gemachter Erfahrungen. Wir Menschen sind eben keine unbestechlichen Computer mit einem optimalen Programm, denn wir haben auch Gefühle und ein persönliches Gemüt.

Der Sinn des Lebens ist das Leben – so wird das manchmal gesagt. Und um das eigene Leben, dieses einmalige und zeitlich begrenzte Geschenk, so richtig auszunutzen, stürzen sich manche Menschen kopfüber hinein, ohne viel Zeit zu verschwenden auf Bedenken, Folgeabschätzungen, Ängste und Rücksichtnahme auf den Zeitgeist.

Leben heißt wagen – dieses Lebensmotto wird in der Natur ständig vorgeführt. Die gesamte evolutionäre Entwicklung alles lebenden Seins beruht darauf. Die Schwärme ewig krakeelender, sich zankender und sich liebender Küstenseeschwalben ziehen jedes Jahr von der Arktis zur Antarktis und wieder zurück. Sie überqueren dabei unendliche stürmische Meere, werden von ihren Feinden gejagt und sinken erschöpft auf die Wellen, sie rappeln sich auf und kommen im nächsten Jahr wieder zu ihren angestammten Brutplätzen. Die Eisalgen entwickeln große Kolonien in den Spalten mächtiger Eisblöcke, dann tobt ein mörderischer Sturm, das Eis wird zerschlagen, die vielen Algen werden in alle Winde verstreut und einige wenige gründen neue Kolonien. Die Eisbärenmütter sorgen liebevoll für ihre Kinder, dann verschüttet eine Schneelawine die Kleinen, und die Bärin versucht die Familiengründung im nächsten Jahr erneut. Und mancher Mensch verhält sich genauso wie die Seevögel, die Algen und Eisbären. Er jagt in seinem Schiff auf den stürmischen Nordmeeren den Eissturmvögeln hinterher, er verkriecht sich in einer kleinen Hütte in der arktischen Polarnacht, er versucht, den Geheimnissen des Lebens auf die Spur zu kommen und strandet auf einer Felsinsel mit der Frage: Wozu das alles?

Dann fällt der Blick auf ein großes Foto meiner dreizehn Enkelkinder, gleich vor meiner Nase mit lauter fröhlichen Kindergesichtern. Und diese jungen Menschen scheinen mir zuzurufen: „Jetzt sind wir dran!" Recht haben sie, und ich gebe gerne den Stafettenstab ab. Mögen die nächsten Generationen das Leben weiter erforschen und sich dabei an eine altes Sprichwort erinnern: „Das Geheimnis des Glücks ist Freiheit. Das Geheimnis der Freiheit ist Mut."